新 みんなが輝く体育 1

小学校低学年
体育の授業

学校体育研究同志会 編

創文企画

は じ め に

【教育の自立】

　この「みんなが輝く体育」シリーズは旧版が 2005 年に発刊され、全国の教師から「子どもたちがわかり・できるようになった」と好評をいただいた体育実践書です。今回、新しい体育実践研究を踏まえて新シリーズを刊行することとなりました。「みんなが輝く体育」というタイトルに示されるように、それぞれの地域や学校で、すべての子どもたちが輝く体育の実践が生み出されることを願って刊行するものです。

　さて、2020 年次期学習指導要領では、「主体的・対話的で深い学び」を目指すことと、育成するべき資質・能力として「①知識・技能、②思考力・判断力・表現力等、③学びに向かう力・人間性等」が示されました。

　一方、学校現場では「学校スタンダード」という主体的・対話的で深い学びとは相反する標準化規制が広がっています。

　「授業中の発言の手順から机上の学習用具の配置、休み時間の過ごし方に至るまで数十項目に及ぶ細々とした学校生活の『標準』という名の強制が子どもたちの日常を縛っている。『スタンダード』は教師や保護者にも及び、同じ指導や同じしつけが求められ、校内では項目の点検表をもとに授業を視察する管理職だけでなく、逸脱を注意し合い同調を求める同僚も少なくない」[1]

　また、教師の多忙化に代表される学校教育のブラック化という現実があります。

　「教員の働き方改革を議論した中央教育審議会特別部会は、2018 年 12 月 6 日長時間労働などの解消に向けた答申素案を示した。勤務時間の定義を明確にしたうえで、時間外勤務を原則『月 45 時間、年 360 時間』以内とするガイドラインを設けることが主な柱。（略）文科省が 16 年度に実施した教員の勤務実態調査の結果にガイドラインをあてはめると、小学校の約 8 割、中学校の約 9 割の教員が超過するという」「教員の働き通りに『残業代』を支払う場合、1 年間で少なくとも 9 千億円が必要だ」[2]

　過労死ラインを超えたタダ残業が指摘される学校教育のブラック化によって、東京都の教員採用試験の倍率は約 1.6 倍にまで下がっていますし、産休代替講師や時間講師が足りない学校が続出しているのです。

　「教師に対して世界でも稀有な長時間過密労働が強いられ、過剰なストレス状況が蔓延している。…そもそも教師が、教育課程について『主体的・対話的で深い学び』が不可能な状態に置かれていて、どうして子どもに深い学びの指導が実現しうるのだろうか」[3]

　本来ならば「主体的・対話的で深い学び」は、子どもの学びや育ちの要求・必要をもとに学校の主体性と協同性によって実現されるものです。しかし、今日の学校教育の現状は、ブラック化を放置したまま道徳の教科化や英語授業の実施などが押し寄せているため、授業の質低下を招く「こなしの授業」が蔓延せざるを得ないところまで追い詰められています。

　このような問題を解決するためには、現実の授業実践をベースとして、学校・教師集団

はじめに

の協働の営みとして年間指導計画、評価基準などを作成していく自立性を生み出す他ありません。現代の教育課程研究やカリキュラムマネジメント研究は、どのようなすぐれたプランであれ、それぞれの学校や子どもの状況分析との照応なしにはうまく機能しないことを明らかにしているのです。

子どもたちが生き生きと輝き、個性を光らせる授業は、日々子どもたちに向き合っている教師たちが主体的に創り上げていく必要があります。

本シリーズは、そのための「手がかり」となる単元・授業プランを、これまでの授業実践の蓄積をもとに提案しようとするものです。

【5つの柱】

私たちは、本シリーズを刊行するに当たり、以下の5つの柱をたいせつにしました。

[運動文化の主人公]

第一に、スポーツ、体操、舞踊や運動遊びなどを人間らしい生活と発達に欠かせない独自の運動文化ととらえる立場から、体育実践を構想しています。体育は運動文化を次の世代に引き継ぎ発展させる教育実践であり、子どもたちは「運動文化の主人公（リレーランナー）」であると私たちは考えています。

低学年体育においては、「からだでわかる力」をたいせつにすることで、「基礎的な動き方（基礎的運動技術の獲得）」を身につけさせ、「自分のからだ」を思うように動かせるようにしてやることが運動文化の主人公の土台となっていきます。

[子ども・青年の発達課題]

第二に、子どもたちの発達を豊かに、そして現実に立脚して高めようとしました。今の子どもたちの発達をできるだけリアルにとらえ、現実と発達可能性とを橋渡しする発達課題を探り、発達保障に向かう教育の原則的な視点をたいせつにしました。

低学年体育では、五感を使って全身で「わかる・できる」ことが発達課題の中心になります。

[学んでほしい内容の重点化]

第三に、子どもたちの発達と学習課題にそくして、教科内容の重点化を図ろうと試みました。子どもたちの生活や発達の課題と運動文化の内容とが切り結ぶルートを探るなかで、重点となる学力や教科内容を絞り込んだのです。

低学年体育では、教科内容の重点を「姿勢操作」「スピードコントロール」「予測・判断」という3つに絞り、さらに「姿勢操作」が低学年ではもっとも重要となるように具体化しました。

[授業の事実を基に]

第四に、これまでの学校体育研究同志会の実践研究60年の蓄積をもとに、授業プランという具体的な形で、そのエッセンスを実践的に提案しようとしています。

そして同時に、重点化した教科内容にとってもっともふさわしいと考える教材の解釈・選択・構成には、地域・学校に固有の要件や担当者の研究・実践力量、指導経験などの主体性が関わります。プランは具体的な詳細部分になればなるほど、「例示」という性格が強くなることに留意していただきたいと思います。

[ともに学ぶ]

第五に、異なる経験や能力や個性をもつ多様な子どもたちが協同して文化や科学の成果を分かち合うことによって、「みんなが輝く」

学習が実現すると考えています。それを私たちは異質協同の「グループ学習」として実践的に追求してきました。このため、低学年体育でもグループ学習を、学び方の基本としています。

【教師のための教育課程】

本書は、2002年と2004年に刊行された「私たちの教育課程試案（理論編、実践編）」に続く小学校低学年の「授業プラン編」です。先の2冊の教育課程試案では、私たちが考える教育課程の理論と実践を具体化しました。そして、この教育課程試案に基づいて本書の「授業プラン案」がつくられています。教育課程試案と本書の授業プランをつなぐ役割を果たしているのが第1章と第3章であり、私たちの考える教育課程試案と低学年体育における具体像となっています。

さて、実際の授業をより豊かにしていくための「手がかり」となるように、本書はこれまでの実践研究による子どもたちの事実をもとに、何のために（目的、目標）、何を（内容）、どのように（方法）教えるべきかを明確にし、授業プラン化しました。これは、教師が自分で「体育の授業は何のために行うか」について考えるべきだと思うからです。

目の前にいる子どもたちに対して、私たちは「何のために」「何を」教えるべきか、直接の責任を負っています。その責任をきちんと果たそうと思えば、「体育授業は何のために行うか」を、私たちは自分で考えるべきなのです。

つまり、目の前の子どもたちのために体育の授業や年間指導計画をつくりあげていく上で大切なことは、目的、目標―内容―方法を主体的に考え、相互に関連し合う実践の全体を省察しながら追求していくことなのです。この「こだわり（主体性）」を追求していくことはしんどいことかもしれません。しかし、この「こだわり」を放棄したとき、私たちは教師としての主体性、自立性を失うこととなるのです。

本来、授業やそれぞれの授業の全体像を示す教育課程とは各学校でつくられるべきもので、そのためにはいくつもの「教育課程試案」や「授業プラン」が必要です。そのいくつもの試案を参考にしながら、各学校が自分たちにあった教育課程を創りあげていくことによって「学校の自立」が実現し、「豊かな授業」が創られていくのです。

私たち学校体育研究同志会が「教育課程試案づくり」に取り組み、シリーズを刊行しようとしたのは、各学校が主体的に教育課程を創るべきだと考えているからなのです。

さらに、旧シリーズは、幼年から高校に至る発達段階・学校階梯と障害児体育の分野を含んで編纂されました。「みんな」には当然障害とともに歩む子どもたちも含まれているのです。

教師・学校の主体性と自立が実現され、子どもたちの笑顔が、夜空の星々のように輝くことを願って、ここに「新みんなが輝く体育」シリーズを刊行します。

2019年6月　大貫耕一、森敏生

【文献】
（1）佐藤博（2017）「教育のマニュアル化は子どもに何を育てているのか」『教育』2017年8月号、p.58-59。
（2）矢島大輔「教員『タダ残業』解消できず」2018年12月7日朝日新聞朝刊。
（3）原利夫「指導要領改訂作業『審議のまとめ』から見えてきたもの」『人間と教育』2016年秋号、p.43。

新みんなが輝く体育1
小学校低学年　体育の授業

目　次

はじめに……1

第1章　小学校低学年体育の目標・内容……7

Ⅰ．低学年期の子ども……8
Ⅱ．低学年期の体育……13

第2章　小学校低学年体育の授業プラン……23

マットを使った運動遊び（ねこちゃん体操・お話マット）……24

Ⅰ．教材とその学習について……24
Ⅱ．学習のイメージ図……25
Ⅲ．ねらい……25
Ⅳ．学習の全体計画……25
Ⅴ．学習の場・グループ……26
Ⅵ．各教材の学習内容……28
Ⅶ．おわりに……34

鉄棒を使った運動遊び（お話鉄棒・こうもりふり）……36

Ⅰ．教材について……36
Ⅱ．鉄棒学習のイメージ図……38
Ⅲ．ねらい……38
Ⅳ．学習の全体計画……38
Ⅴ．学習の場・グループ……39
Ⅵ．個別の学習内容……40
Ⅶ．おわりに……45

器械・器具を使っての運動遊び……46

Ⅰ．教材について……46

Ⅱ．ねらい……46

Ⅲ．学習の進め方……46

Ⅳ．授業プラン（１年生の例）……47

Ⅴ．評価（達成目標）……51

跳び箱遊び……52

Ⅰ．教材について……52

Ⅱ．ねらい……53

Ⅲ．全体計画……53

Ⅳ．学習内容の発展過程……54

Ⅴ．授業プラン……55

Ⅵ．評価……57

水遊び……58

Ⅰ．教材について……58

Ⅱ．ねらい……58

Ⅲ．学習の進め方（全体計画）……58

Ⅳ．全体の流れ……60

Ⅴ．１年生の授業……62

Ⅵ．２年生の授業……65

Ⅶ．発展学習……68

Ⅷ．評価（ねらい達成のイメージ）……69

Ⅸ．学習カード例……69

走跳の運動遊び……70

Ⅰ．教材について……70

Ⅱ．ねらい……70

Ⅲ．学習の進め方……71

Ⅳ．授業の流れ（１年生の例）……74

Ⅴ．授業の流れ（２年生の例）……77

Ⅵ．評価（ねらいの達成のイメージ）……79

シュートボール（まと当てゲーム）……80

Ⅰ．教材について……80

Ⅱ．ねらい……80

Ⅲ．学習の流れ……80

Ⅳ．学習の進め方（全体計画）……82

Ⅴ．技術の発展過程……83

Ⅵ．各時間の内容（１年生）……83

Ⅶ．各時間の内容（2年生）……86

表現リズム遊び……90

Ⅰ．教材について……90
Ⅱ．ねらい……90
Ⅲ．教材づくりのポイント……90
Ⅳ．学習の全体計画……91
Ⅴ．授業プラン（教科体育単元の例）……91
Ⅵ．授業プラン（運動会単元の例）……97
Ⅶ．評価（ねらい達成のイメージ）……100

体つくり運動（動物まねっこ運動から体操へ）……102

Ⅰ．教材について……102
Ⅱ．ねらい……103
Ⅲ．学習の進め方……103
Ⅳ．動物まねっこ遊び・体操……104

第3章　授業・単元・年間計画のつくり方……109

Ⅰ．子どもの言葉と授業づくり……110
Ⅱ．グループ学習の考え方と方法……113
Ⅲ．評価の実際……116
Ⅳ．年間計画のつくり方……118

おわりに……121
執筆者プロフィール……125

第1章

小学校低学年体育の目標・内容

Ⅰ．低学年期の子ども

1．小学校1年生のマユちゃん

【小さな胸がトキントキン】

　マユちゃんは小学校の1年生。

　1年生になってから、朝寝坊だったマユちゃんが早起きできるようになった。だって、学校って楽しいんだもの。

　今朝もお布団の中でマユちゃんは、ぱっちり目が覚めちゃった。小さな胸がトキントキンって音をさせている。今日は体育がある日。体育がある日って、なんだかドキドキする。

　マユちゃんは、自分で起きると思いっきりのびをして、階段を下りていった。おみそ汁のいいにおい。お母さんが朝ご飯の用意をしている。

　「あら、マユ、早起きね。そうか、今日は体育のある日だから早起きしたんだね」と、お母さん。マユちゃん、こっくりうなずいた。

【ねこちゃん体操で、からだが動く】

　さあ、いよいよ体育の時間。校庭の体育では今、鉄棒をしている。鉄棒の下にマットを敷いて、2列に並んだ。

　ヌッキー先生が「今日は、マットの上でねこちゃんの姿勢になるよ」って言った。（なんで？　マットじゃないよ、てつぼうだよ）って思ったけれど、ねこちゃんの姿勢になってみた。

　体育館でしているマットもおもしろい。特にこの「ねこちゃん体操」って、自分のからだとお話ししているみたいな気持ちになれる。ブリッジやアンテナをしていると、からだが言うこときいてくれなかったり、かってに動いちゃったりする。でもマユちゃんは、

　最近ねこちゃん体操をしながら、自分のからだがどんなふうに動くかだんだんわかってきた。からだがうまく動かないときは、ゆっくりゆっくり動かして、からだが動きたいところに耳を澄ますと、動きたいところ、動きたい方向がわかる気がする。だからマユちゃんは、ねこちゃん体操が大好きになった。

【コウモリさんになるぞ】

　さて、鉄棒なのに、マユちゃんの大好きなねこちゃんの姿勢になった。ヌッキー先生の言葉が聞こえる。

　「ねこちゃんがおこった、下（した）」

　（あれ、フーじゃないぞ）みんな、ヌッキー先生の方を見る。

　「今日はね、おこったで、頭を下にするんだよ。そして、あくびでにゃーおは、頭を上（うえ）」

　（ふーん。何でだろう？）って思ったけれど、みんなでやってみる。

　「いいね、じょうずになった。では、コウモリさんになったときのことを考えて、頭を下（した）、そして上（うえ）ってしてみるよ」

　（なんだそうか。コウモリで振るための練習だったんだ。はじめからそう言えばいいのに。ヌッキー先生ってちょっと説明がたりないんだよね。）

　マットの上でアゴを出して、からだが振れたつもりになってアゴ引いて、振れたつもりでアゴ出してってしたら、なんだか鉄棒で振れているみたいな気持ちになってきた。

　いよいよ鉄棒でコウモリ姿勢になってみる。（まだ振れないからなァ。失敗したらどうしよう）って、ちょっと心配な気持ちもしたけれど、1年2組の仲間は、助け合う仲間。失敗したら、仲間が教えてくれる。だからだ

いじょうぶ。それっ。
「出して、力ぬいて、出して、力ぬいて、よし振れてきたぞ」
　地球が逆さまに見える。(出して、ブーラン、出して、ブーラン。あっ、だんだん大きく振れてきた。すごい。教室が見える。わあ、屋上まで見える。すごい。振れたァ)

2．小学校低学年期の子ども・発達

　いきなりマユちゃんの登場だったが、小学校低学年の子どもにとって体育との出会いは、自分の「からだ」を意識的に操作することで「できる」「わかる」ようになっていくことから始まる。
　では、低学年期の子どもにとって、体育の授業はどのような役割を果たしているのだろう。

(1) 低学年期の子どもたち
①素直さと優しさ
　体育の学習で雲梯を使った運動を行っているときのこと。エリさんはなかなか反対側まで辿り着くことができなかった。
　そんなエリさんを見てマサオ君が「からだを前、後ろって揺らしながらやるといいよ」とアドバイスをくれた。エリさんはさっそく、そのアドバイスの通りにやってみた。

マサオ君が「いいよ、その調子。前にからだが来た時に手を出すんだよ」と大きな声をかけてくれる。それを見た周りの子もエリさんを応援してくれた。
「頑張れ！」「ゆっくりでいいよ。そうそう、その調子！」
　雲梯の最後まではいけなかったエリさんだったが、感想に「マサオ君の言ってくれた通りにやってみたら少し進めた。嬉しかった」と書いてくれた。
　また、周りの子も「エリさんが頑張って2個進めるようになった。エリさんすごい！」と書いていた。
　教師や仲間からの言葉を素直に聞き、何度も実践しようとする気持ちを低学年の子どもたちはもっている。
　この素直さが、この時期の子どもたちの特徴であり、成長の原動力となっている。また、仲間へ温かい言葉をかけてあげる姿もたくさん見られる。低学年の子どもたちは心の底から仲間を応援し、自分のことのように一緒になって喜び合うことができる。だからこそ、この時期に「ともに学ぶ喜び」を、実感してもらいたい。

②子どもを取り巻く諸問題
　現在、子どもたちを取り巻く環境は大きく変化している。子どもの貧困が社会問題となり、貧困格差は自己責任というプレッシャーの中でますます大きくなっている。また、AI（人工知能）の発展など、先の見えない時代にあって、保護者にとって「子どもの将来」が不安であり、目に見える成果を求める傾向が一層強くなっている。それは、学力テストの数値であったり、スポーツ場面での勝敗だったりしている。

目に見えない学力（目標に向かって努力する力、人とかかわる力、感情をコントロールする力など）が大切なことも知っているけれど、それよりも数字（結果）にばかり目が向き、そこに安心感を求めている。この動きはさらに加速して、「やさしさ」や「思いやり」さえも数値化しようとする動き（道徳の強化）がある。

誰かが決めた一律的規準・基準をもとにしたこの結果主義は、社会全体を覆っている。保護者が働いている会社も終身雇用は昔の話、一流企業であっても安定した雇用は保障されていない。そして、過度な競争原理による不寛容性や成果主義はゆとりのなさとなって、子どもに大きな影響を及ぼしている。

③追われている子どもたち

現在の子どもたちの多くは、放課後にほぼ毎日習い事や塾が入っている。低学年から塾に通わせるということが、今では当たり前となりつつある。そして、ここにも塾に通える子と通えない子という「格差社会」の影がある。

塾に通える子どもたちの会話も「今日は塾だから4時までなら遊べるよ」など、わずかな時間を見つけ、そこで遊びの約束をしている時間に追われる姿がある。

さらに塾から帰宅しても、親から「早くこれとこれをしなさい」と言われ、自分の好きなことができる時間は本当に限られている。常に追い立てられている子どもたちの会話からは、「自由」への憧れが窺える。大人の保護下にある子どもたちは、保護者の期待に応えようとテストの点数を気にしたり、習い事が上達したりすることに躍起になっている。しかし、本来、子どもは思い切りからだを動

かし、自分の思うように遊ぶ中で多くを学んでいく。子どもたちだけの遊びの世界で育っていく。

「時間、空間、仲間」を奪われたアンバランスな状態が、現代の子どもの問題行動として表れている。

④かかわりあいの希薄さ

子どもは親や教師、そして仲間といった「人間とのかかわり」を心の底から求めている。本当は甘えたいのに、それができず、心が満たされない思いを抱きながら毎日を送っている子どもたちが何と多いことか。子どもは、その寂しさを伝える（表現する）術をまだ持ち合わせておらず、無意識の感情として心の奥底に押し隠している。

現代の子どもたちは、この押し隠した感情をバーチャルな世界で開放しているように見える。仲間と一緒に遊んでいるときもゲーム、時には家族みんなで食事しているときもゲームに興じている。他者とのコミュニケーションの土台をつくるべき発達段階にあって、ゲームの世界に没入することの影響を感じることは多い。

本心では人間とのつながりを求めながら、しかし、コミュニケーションの取り方が身についていないために、本音を語れない子、周りを常に気にする子、集団になじめない子どもたちが増えている。

⑤気力、体力の弱さ

すぐに「疲れた」という子ども、新しいことを始めようとすると「無理」という子どもが多くなっている。まだ何もしていないのに、このような言葉が子どもたちから発せられる。この無気力、無反応さはどこからきて

いるのだろう。

「物質」が溢れすぎている社会の中で、物質的にはいつも満たされ続けている状態に子どもたちが置かれている。「自分の力でこれを手に入れた！」という経験が少なく、周りの大人もゆとりのなさから簡単に与えてしまう。このため、自力で何かをしようとすることよりも、「受け身」の姿勢が常態化している。

また、生活習慣リズムが子どものリズムから大人のリズムに合わせるようになっている。ある2年生のクラス調査によると35％の子どもが10時以降まで起きていることが分かった。さらに11時以降まで起きている子どもは10％にも及んでいる。就寝時刻が遅くなればそれだけ寝不足となり、この時期に大切な成長ホルモンの分泌にも影響を及ぼし、前日の疲れが抜けないまま登校する子どもが増えている。

⑥子どもに健やかさを

子どもたちの問題行動の原因は、大人がつくっているし、大人の背景には現代社会の歪みがある。社会全体が子どもたちに多かれ少なかれ与えている影響（環境）が、子どもたちの問題行動を誘発しているのである。

しかし、本来、子どもたちは素直で自らできるようになりたいと心から願っている。学校現場で子どもたちと接していると、子どもたちの内から溢れ出る純粋さやパワーに心を打たれる場面がたくさんある。さまざまな課題はあるが、この子どもたちの成長への願いと、育っていく姿を感動を伴って共有することで、教育に向き合っていきたい。そして、子どもたちの「健やかな成長」を取り戻すために保護者・教職員が協同して考えていきたい。それができるのも、また、大人の力なのだから。

（2）低学年期の発達

①できること（運動能力）

小学校低学年の運動能力は、神経系の発達が主導的で、身のこなしの柔らかさ、手足などの器用さ、行動における敏捷性が増す時期である。

遊びや生活の中に、からだの多様な動きが見られるし、実によく動き回り、からだ全体を使って活動することをたいへん好む時期といえよう。

たとえば、走運動の発達では7歳頃には一応成人の走り方と同じ走り方ができるようになる。これも低学年の子どもの運動能力が神経系の発達を中心に伸びていることを示している例である。

つまり、7歳頃には「走り方」は成人と同じような走り方ができるようになるけれど、それ以降の走速度の増大は運動効果器である筋肉の発達に負うところが大きくなるということであり、運動の仕方をつかさどる神経系の発達は、ほぼ7歳頃までにだいたいの事はできるようになっていることを示している。

また、最近の身体運動科学の研究によれば、「脳」が一方的に「からだ」を動かすのではないと言われている。「脳」が「からだ」に働きかけると同時に、「からだ」も「脳」に働きかけている相互関係にあるということである。

そして、身体の各部分は「自律的」に動く存在であると考えられている。もちろん、これは無意識のうちになされる活動であるが、トップアスリートが語る「からだが先に動く」という現象は、このからだにおける自律性を表す言葉だろう。

第1章　小学校低学年体育の目標・内容

このように小学校低学年期は、神経系の発達に導かれた体の敏捷性やいろいろな運動に対応する能力がいちじるしく発達する時期だといえる。

②わかること（認識）

小学校低学年は、まだ幼児期の思考を引きずる時期といえ、この時期の認識にはつぎのような特徴がある。

第1に、経験にもとづいてものを考えようとする。

第2に、自分なりの想像をし、推理しようとする。

第3に、その子どもらしい個性的なわかり方をしようとする。

つまり、低学年の「認識（わかる）」の特徴は、豊かな経験をすることによって、いろいろな想像をし、自分のわかり方と仲間のわかり方を比べてみることにある。

低学年期の認識は、このような豊かな体験にもとづき、仲間とのわかり方を比べてみることによって、多面的な認識へと移行していくし、多面的な認識は、科学的な認識に接近していく。

したがって、子どもの生活経験を生かし、互いのわかったこと（認識）を言語で交流しあうことを通じて、自分がわかったこと（認識）に気づいたり、人によってわかり方に違いがあることを知ることがたいせつなのである。

低学年の子どもにとっては、このような物事の多面性を経験的に知ることが、事実を確かめたり、みんなで考えあったりすることの基礎となっていく。

③かかわること（社会性）

小学校低学年期の友達関係は、「好感・愛着」が友人選択理由の第1位を占める。全般的に外見や態度のもたらす印象が好ましいかどうか、いっしょに楽しく遊べるかどうかなどが、好き嫌いの感情の要因になっている。

つまり、いつもいっしょに遊ぶ友達は好きな友達であり、いっしょにいて楽しく遊べることが、友人関係でのもっとも基本的な欲求といえよう。

また、低学年の子どもは、認識発達の面（わかること）では、自己中心性を脱却しつつあるとはいえ、道徳的判断や道徳感情の面では、まだ周りの大人に影響されやすい発達段階にある。つまり、道徳的に非難されるような行動を抑制できるかどうかは、6〜8歳ぐらいまでの子どもは、その抑制力を親や教師の権威によってもたらされる「外的な規範」（母親に叱られるからなど）に置いているし、道徳的な規範がまだ十分に内面化されておらず、罪悪感といった感情が希薄なのである。

さらに、社会性の発達の面から見ると、低学年期は、遊びなどの活動を通して身近な友達と交わる力をつけていく時期といえる。友達関係はそれほど安定的なものではなく、その日そのときの遊びの楽しさが得られれば満足する。「友達だから遊ぶ」というよりも、「遊ぶから友達」という関係といえよう。

また、学級への帰属意識はまだ希薄で、学級全体の目標を意識するということもなかなかできない。教師と子どもとの関係も、教師と個々の子どもが別々に関係を結んでいるといった関係であり、「自分たちの先生」というよりも「自分の先生」なのである。

Ⅱ．低学年期の体育

1．低学年体育の「ねらい」

（1）できる

　マット運動の側転ができるようになった
ヒロコさんは、仲間といっしょに廊下を側転
で移動していく。また、タツヤ君は、鉄棒が
苦手で、はじめのうちはコウモリ姿勢になる
こともできなかった。ところが、仲間ととも
に休み時間も練習し、ついにコウモリ振り降
りができるようになった。すると、自信がつ
いたのか、生活全般がたいへん意欲的になり、
算数や国語の時間にも活発に発言するように
なったのである。

> **「たいいく」かつき　ひろこ**
> 　きょうのたいいくで、はじめてそくて
> んができてよかった。
> 　あと、大マットではっぴょうするまえ、
> すごくきんちょうした。

　6歳から8歳までの子どもにとって、この
ように体育で「できる」ことは、とても大き
な意味を持つし、低学年の子どもたちにとっ
て、体育で「できる」ことは大きな感動とな
る。それは、私たち教師にとっても人間の可
能性を実感させてくれる成長の姿である。

　からだで自分と仲間の可能性を実感するこ
と。そこで味わう「感動」は、学習や生活全
体への意欲を高めていくのである。

　また、子どもたちは体育のときに全身で喜
びや悔しさを表す。そして、「できる」過程
で「子どものからだ」は耕され、なめらかで
しなやかな動きになっていく。

　前述したように現代社会の中で、子どもた
ちの遊びはバーチャルなものが主流となって

いるため、不器用な子ども、ぎこちない動き
の子どもが増えている。このような現代的な
状況にあって10歳以前の五感を使い、から
だ全体で物事を認識し、表現していく「体育」
の役割は大きい。低学年の子どもたちにとっ
て、人間の可能性を実感し、からだがしなや
かになり、感性も豊かになっていく体育の授
業はとてもたいせつな時間なのである。

（2）ともに楽しみ、認め合う

「見て、見て。こんなことできるようになっ
たんだよ」

　低学年の子どもたちは、とびはねながら「見
てほしい」とせがみ、自分の喜びをともに楽
しんでくれる仲間を求めている。

　自分や仲間の「可能性」をすなおに信じて
いるため、子どもたちは何事にも積極的に取
り組むし、ともに楽しみ認め合うことは、体
育以外の学習や生活にも好影響を及ぼし、子
どもたち同士の結びつきを高めていく。

> **「おはなしマット」みやもと　えく**
> 　わたしは、きょうのたいいくがおもし
> ろかったです。わけは、おはなしをつく
> ったからです。そして、2はんから8ぱ
> んまでのみんなのおはなしがきけたから
> です。とってもおもしろかった。

　一方、子どもたちが集まって遊んでいる部
屋をのぞくと、ある子はマンガを読み、ある
子はゲーム機で遊び、ある子はブロック遊び
をしているという個々バラバラな状態が増え
てきた。

　体育で学ぶスポーツは、「人間と人間を結
びつける」文化である。子どもたちは体育の
授業によって、「仲間とともに」楽しみ、認
め合うすばらしさを実感していく。そして、

第1章　小学校低学年体育の目標・内容

個々バラバラの遊びから集団で遊ぶようになり、社会性をのばしていく。

　また、低学年の子どもは困っている子に対して、すなおに協力し助け合おうとするし、仲間ができるようになると自分のことのように喜び合う。低学年の時期に、この「みんな」でともに楽しみ認め合う体験が、中学年、高学年と人間関係が深まるときに重要な役割を果たす。たとえば、高学年になり友達関係で悩んだときに、小さいときの「ともに楽しみ、認め合う体験」が豊富にできた子は、その経験をもとに友達関係を肯定的、積極的に捉えることができやすいのである。

（3）ともに競い合い、考える

　1年生といっしょにシュートボール（80ページ参照）のルールを考えた。はじめに的だけを置いたゲームをした。的が倒れないようにと、からだを的におおいかぶせる子。「それじゃあ、的に当てられない」と怒る子。

　話し合った結果、的の周りに「円」を2本描くことになった。そして、この「2本のライン」のおかげで、互いに攻めたり守ったりすることを楽しめるようになった。「あの『線』のおかげで、けんかがなくなったね」という子どもたちの声。そして、線のほかにもルールを作り、最後には「1年生シュートボール大会」を自分たちの力でやりぬいていった。

　小さい子どもたちにとって、自分たちで作ったルールやゲームは、とっても大切なものであり、その姿は誇らしさでいっぱいだ。

シュートボール　みやした　れいこ
　きょうのシュートボールがたのしかったです。5はんにまけちゃったけど、チ

ームれんしゅうをいっぱいやれば、5はんにかてるのかな。またこんど5はんとやるときは、まけないぞ。やすみじかんのときに、ゆうとくんと、ひろこちゃんと、りくくんと、ひみかちゃんと、ひかるくんと、さりちゃんと、わたしでシュートボールのれんしゅうをしました。かたづけるときに、ひきたくんがてつだってくれました。

2．低学年体育で育てたい力

（1）できる、わかる、かかわるの関係

　私たちは、体育の授業で「できる（基礎的運動能力）」「わかる（基礎的技術認識）」「かかわる（基礎的なグループ学習）」を子どもたちに獲得してほしいと願っている。

　第1の「できる」ことは、基礎的運動能力の獲得であり、「自分のからだ」を自由に、意図的に操作できる力である。

　第2の「わかる」ことは、基礎的技術認識の獲得であり、「できる」ための方法について考える力である。

　第3の「かかわる」ことでは、「できる」ための方法を「わかる」過程で、「仲間とともに学ぶ」力である。

　さらに、「できる」「わかる」「かかわる」の関係は、低学年体育の場合「できる」ことが中心になり、「できる」をめぐって「わかる」も「かかわる」も育っていく。つまり、低学年の場合の「わかる」は五感を使った「からだでわかる」ことが中心となり、運動技術の合理的な方法について「からだでわかる」ことが10歳以降の「論理的、抽象的思考」の基礎となるのである。

　また「かかわる」も、ともに考えること自

14

体が大切であり、「仲間とともに考える」という体験が、将来のみんなで認め合い高め合っていく本格的なグループ学習の基礎となっていく。

（2）からだで「わかる」

体育という教科は、運動が「できる」ためだけの教科ではない。スポーツなどの運動文化に込められた人間の英知を理解し、自らも実践しつつ、人間にとってより豊かな運動文化を創造していくための教科である。このため体育において「わかる力」を育てることは、より豊かなスポーツや運動文化を獲得するために必要不可欠なこととなる。

そして、低学年体育での「わかる力」は「からだでわかる」ことでもある。つまり、低学年では、「できる」と「わかる」が一体のものとなっているところに特徴がある。

これは、低学年の発達段階においては筋力や持久力はまだ十分に育っていないが、神経系の発達はほぼ大人並になっていることや、認識面でも「具体的な試行」の段階にあることと関係している。

つまり、低学年の時期に「基礎的な動き方（基礎的運動技術の獲得）」を身につけさせ、「自分のからだ」を思うように動かせるようにしてやることは、子どもたちが論理的な思考力によって「わかる力」「考える力」をのばしていく土台となっているのである。

例えばマット運動の側転でいえば、はじめから上手に側転ができるわけではない。手にからだをのせることに少しずつ慣れ、はじめは腰をのせられるようになり、そしてしだいに足先を伸ばしていく。この時からだの重さを感じながら腕で自分のからだを支え、手で逆立ち（倒立）姿勢をコントロールしていく過程は、からだを自らの意志のもとに自由に動かそうとする試行錯誤の連続であり、子どもが自分のからだ・動きに向き合い、「からだでわかる」過程なのである。

10歳を越えて、子どもたちが上手になるための合理的な方法（運動技術）について学習するとき、低学年で身につけた「からだでわかる力」は豊かな土台となっていく。そして、上手になれる理由を、理論としてだけでなく、実感を伴って子どもたちはイメージしていけるようになっていくのである。

（3）かかわる

①能力別、習熟度別の問題点

体育の学習を「異質共同のグループ学習」によって行うことで、子どもたちに社会性を身につけさせることができる。一方、「能力別グループ」「習熟度別グループ」による授業では、お互いを認め合い・高め合う力が育ちにくい。

> 東京都のある学校で行われた跳び箱の研究授業では、跳び箱学習の場が「7つの異なった場」として設定されていた。子どもたちは36人いて、それぞれ個人の「めあて」をもって学習に取り組んで

いたのだが、開脚跳びも閉脚跳びも台上前転も跳べない子どもが2人いた。

その2人の子どもたちのうち、1人の女の子の場合、跳び箱を開脚跳びで跳ぼうとしたのはたった2回だけ（もう1人の男の子は9回だけ）。一方で、跳ぶ回数が多い子は30回以上跳んでいた。授業者の先生は、個人個人に関わろうと思っていっしょうけんめい活動していたし、計画もしっかりしていた。しかし、「跳べない2人」に対して、その子たちが2回あるいは9回しか跳んでいないということを教師は把握できていなかった。そして、この2人へのまわりの子どもたちの具体的な「かかわり」（跳び箱を跳ぶための助言）もなかった。

能力別や習熟度別の学習方法では、子どもの一面的な能力（たとえば「跳び箱の何段が跳べるか」）によって子どもたちを選別し、その一面の能力だけを効率的に高めようとする。子どもの能力が「モノ」として見られてしまうのである。このため「一人ひとりの能力に応じる」ということは、結局は「自分だけのひとり学習」となり、「仲間との関係を切られた学習」となってしまう。

ある体育研究指定校では、3年間習熟度別学習を行ったところ、子ども同士の固定的な見方が定着してしまい、教師が教え合い・学び合いをいくら呼びかけても、「先生だめだよ、できない子はできないに決まっているもの」という言葉しか返ってこなくなってしまった。

先に子どもを取り巻く諸問題において、子ども同士の人間関係が希薄になっている現状について触れたが、能力別や習熟度別グルー

プによる授業は、この「人間関係の希薄さ」をさらに深刻にしてしまう。

②異質共同のグループ学習

異質共同のグループ学習（以下、グループ学習と略す）を、私たちは学び方の基本に据えている。すべての子どもたちに基礎的教養を学ばせ基礎的学力を育成することが公教育の使命だからである。

また、教室にはいろいろな子どもたちがいる。私たちは子ども同士が互いを尊重し合えるようになってほしいと願っているし、個性という一人ひとりのかけがえのなさを「対等・平等」の関係の中で認め合い、高め合える集団として育てたいと考えている。そして、子どもたち一人ひとりを大切にするとともに、子どもが互いの「ちがい」を認め合い高め合う過程で豊かな人間関係を結んでいくことをめざしている。

人類は幾多の試練の中で「民主主義」という考え方を共有するに至った。この民主主義の尊重は、日本国憲法の精神における根幹となっている。このため、低学年体育においても子どもたちがみんなで高まるグループ学習を学び方の基本としているのである。

1つの学習グループは4人前後で構成され、運動能力の高い子も低い子も同じグループで学び合う。技能の「差」があることによって教え合い・学び合うことが生まれ、「みんなで高まる方法」を考え、たくさんの発見をしていくことができる。

たとえばマット運動の授業では、どのグループも共通の内容を学ぶ。第2章の実践編で紹介する「お話マット」教材であれば、「もとのお話」を教師が子どもたちに提示し、このもとのお話をつくり変えることで、自分た

ちの「グループお話マット」を協同でつくっていく。

グループ内にはいろいろな子どもがいるので、どのような技にするかでもめる。たとえば側転ができる子は、側転をグループお話マットに入れたいと主張するし、できない子は「私は側転ができないからイヤだ」と主張する。側転を入れるか入れないかは、子ども同士の合意によって決定するため、互いに「ゆずり合う」ことや「教え合う」という関わりが必要になる。こうして自己主張をしながら「私たちのグループお話マット」ができあがっていく。自分たちが決定権をもち、合意するということは、このように互いの能力をめぐってめんどうなやりとりを重ねることであり、その末に決まったことは、子どもたちにとってとても大切なかけがえのない決めごとになる。

すべての子どもたちが運動文化の価値を学ぶ過程で互いを尊重しあえるように育つこと。個性という一人ひとりのかけがえのなさを「対等・平等」の関係の中で認め合い・高め合っていく社会づくりの基礎を学ぶこと。異質協同のグループ学習は、そのような民主主義を学ぶことなのである。

クマさん歩き―前回り―川跳び側転―ポーズ

(4) 楽しさ、体力

体育授業において「楽しさ」や「体力」を、体育の直接のねらいにすることはむずかしいと私たちは考えている。その理由を説明しよう。

①楽しさ

運動の楽しさを体験させることは大切なことだが、「楽しさ」は子どもが個々に感じることであり、どのような楽しさを感じるかに教師は介入できない。楽しさは「できる」「わかる」の結果として、子どもたち一人ひとりが内面に感じるものであり、教育の直接のねらいとはならないのである。実際の授業でも、「できる」「わかる」ことが実現されたときに、子どもたちは「楽しさ」を全身で表している。

つまり、体育の達成目標（直接学ぶ具体的目標）は基礎的な知識や技術などが「できること」「わかること」であり、「楽しさ」は知識や技術が獲得された結果として味わうことができる形成目標（結果として身につく）なのである。

②体力

「体力」も「できる」「わかる」結果として獲得されるものである。運動が「できる」ことによって子どもたちの体力が高まっていくことは大切なことであり、教師としてしなやかに育つからだ・動きを見取っていく必要がある。

しかし、この「からだ・動きのしなやかさ」や「体力」もまた、子ども一人ひとりの内面的な力であり、どのような体力を獲得するのかということに教師が介入することはできない。子どもが自分自身のからだとのやりとりの中で個性的に感じ取り、獲得していく内容であり、体育の直接のねらいである達成的目標は、「できる」「わかる」にあり、「体力」

17

はそれらの結果として獲得される形成的目標なのである。

このように、達成目標「できる」「わかる」「かかわる」を実現することで、「体力の向上」や「運動の楽しさ」が結果として実現できるのあり、体力や楽しさを体育の直接の目標にすることはできないのである。

3．低学年体育で育てる基礎的な運動能力

神経系の発達に導かれたからだの敏捷性やいろいろな運動に対応する能力が著しく発達する小学校期前半（10歳以前）において、「基礎的な運動能力」については以下の3つを考えている。

表1　低学年で育てたい基礎的な運動能力

・姿勢制御
・スピードコントロール（速さ、リズム）
・予測・判断

（1）姿勢制御

「姿勢制御（認知・制御）」とは、運動時における自己の身体の「姿勢」を意図的に制御できる力を示している。校庭で、マットや跳び箱上で、あるいは鉄棒で揺れながら、また平均台や肋木の上で、さらに水中で、子どもはさまざまな姿勢を操作している。このそれぞれの時空間において自分の姿勢を認知し、制御する力が「姿勢制御」である。

（2）スピードコントロール

「スピードコントロール（速さ、リズム）」とは、運動時における身体操作のうち、特に「時間的な認知・制御」に関する力を示している。走りながら速さや方向を変えたり、障害物をリズミカルに跳び越したりするスピードやリズムをコントロールする力である。

（3）予測・判断

「予測・判断」とは、運動時における用具や道具、また相手に対して意図的に対応できる力を示している。ボールの動く方向や速さ、あるいは鬼ごっこなどでの相手の動きなどについて予測・判断をして対応する力が「予測・

判断」である。

（4）姿勢制御、スピードコントロール、予測・判断の関係

　これら「姿勢制御」「スピードコントロール」「予測・判断」は、明確に区分できるものではない。「姿勢制御」は「予測・判断」をともなって行われているのであり、姿勢制御における「認知」と「予測・判断」は似通った運動能力といえる。また、「スピードコントロール」とは「姿勢制御」の一つとも考えられるから、すべては「姿勢制御」に収斂されると考えてもいいのかもしれない。

　しかし、これまで子どもたちの基礎的な運動能力を育ててきた実践的手応えとしては、「姿勢制御」は主に「自分の姿勢や動き」に関するもの、また「予測・判断」は主に「道具や相手」に関するもの、そして「スピードコントロール」は子どもが走っているときなどの速さやリズムをともなった運動においての身体制御というように分けていくことができると考えている。

（5）基礎的な運動能力と技術

　つぎに上記の「姿勢操作」「スピードコントロール」「予測・判断」という3つの力は、表2のような教科内容としての技術に深く関わっていると考えられる。そして、これらの技術も先に3つの運動能力の関係において述べたように、それぞれ完全に独立したものではなく、相互に関連し合っていると考えている。

4．低学年で扱うべき重点教材

　これまでの授業実践の積み重ねから、低学年では以下の重点教材を教えることが大切だ

表2　基礎的運動能力と技術の関係

<姿勢制御>
「姿勢制御（逆位、空中姿勢）の技術」「腕支持の技術」「スイングコントロールの技術」
「はね・あふりの技術」「踏切支配の技術」
「浮く・もぐるの技術」「呼吸の技術」
「水中での姿勢制御の技術（伏し浮き、背浮き）」

<スピードコントロール>
「走りのスピードコントロールの技術」「リズムコントロール技術」

<予測・判断>
「ボールや相手を予測・操作する技術」
「ゲーム状況を予測・判断（ボール・ゴール・味方・相手の関係）し、対応する技術」

と考えている。

（1）重点教材

　このように教材を絞り込む理由の第1は、ここまで述べてきたように低学年体育では「姿勢操作」「スピードコントロール」「予測・判断」という3つの技術のうち「姿勢操作」をもっとも重点とするべきであり、そのためには器械運動教材を重視するべきだと考えているためである。

　第2に、これまでの実践の積み重ねから、子どもたちみんなに表3の「評価（ねらい達

川とび側転（89％）　　　側転（26％）
（1982年狛江市狛江第八小学校1年27名）

第1章　小学校低学年体育の目標・内容

表3　運動領域―教材―評価規準の関係

運動領域	教材	評価（ねらい達成のイメージ）＊「できる」
器械運動	マット運動	・逆さ姿勢・腕で体を支える感覚・両手に体重をかけて移動する感覚を身につける。 ・手と足を同時に動かす感覚を身につけることができる。・足→手→手→足→足のリズムで側転ができる。 ・腰が高く上がり、足が伸びた側転ができる。 ・動物歩きや側転を入れたお話マットのつくり方やポイントがわかり、リズムよく演技することができる。
	固定施設・鉄棒運動	・あご出し、あご引きによるこうもりふりをすることができる。 ・いろいろな技を組み合わせて、お話鉄棒を作ることができる。
	固定施設・跳び箱運動	・両足で踏み切って、足の裏で跳び箱に乗ることができる。 ・空中姿勢を創作できる。 ・安定した着地ができる。 ・助走から、腕支持をして腰を引き上げ、横跳び越しができる。
水泳	伏し浮き呼吸 ドル平泳法	・脱力した状態で身体操作ができる。 ・下唇が水上から出たら、息を口から一気に吐く呼吸ができる。 ・ななめの姿勢での呼吸が何回も安定してできる。
陸上運動	かけっこ リレー 鬼ごっこ	・バトンパスの仕方を工夫し、走り出しての片手バトンタッチができる。 ・片足踏み切りで、低くとぶことができる。
表現運動	教科体育・表現 学校行事・表現	・なりきって踊ったり、自分で考えた動きをすることができる。
ボール運動	シュートボール	・まとに向かって手でボールを投げたり、ボールを捕ることができる。 ・ノーマークになってシュートしたり、ノーマークの人にパスを出したり、パスをもらうことができる。
体つくり運動	動物まねっこ遊び	・体幹部の操作、体幹と体肢（四肢）の協応動作・感覚を身に付けることができる。

成のイメージ）」で示した内容を獲得してもらうためには指導時間を10回前後は保障する必要があるためである。

（2）基礎的学力の保障

　文部科学省の学習指導要領（以下、指導要領）では、ここで示したような低学年体育ですべての子どもたちに保障するべき重点の教科内容が明示されていない。つまり、体育で学ばせるべき基礎的教科内容がはっきりしていないのである。

　また、指導要領で例示されている教材をすべて扱ったのでは、1つの教材にかける時間数を十分保障することは不可能である。このため、せっかく子どもたちが上手になりかかったところで教材を打ち切るという「こなしの授業」が日常的に行われている。いろいろな教材を経験させるだけのこなしの授業では、子どもたちの基礎的学力が育つことはむずかしい。すべての子どもたちに体育の基礎的学力を身につけてもらうためには、子どもたちみんなが上手になる「こだわりの授業」

をめざす必要がある。

　私たちは授業実践したことを仲間と交流し、実践の集積による子どもたちの事実を積み重ねることによって、ここで示す重点教材を提示できるまでに至った。

　第2章以降に、その授業実践の具体プランが示されている。ぜひこのプランを実践によって試し確かめていただきたい。そして、その積み重ねを交流し、子どもたちの笑顔が輝く体育授業づくりをともに進めていきたいと願っている。

　最後に、重点教材の指導によって達成できた技能調査結果を掲載しておきたい（表4）。「姿勢制御」を中心としたこの重点教材によって、子どもたちは「からだでわかる」力を獲得することができたのである。

【参考文献】
1）内海和雄、田丸敏高、中村和夫、須藤敏昭、村越邦男（1994）「子どもの発達段階と教育実践」『子どもと教育』1994年4月臨時増刊号、あゆみ出版
2）学校体育研究同志会教育課程自主編成プロジェクト（2003）『教師と子どもが創る体育・健康教育課程試案　第1巻』創文企画
3）学校体育研究同志会教育課程自主編成プロジェクト（2004）『教師と子どもが創る体育・健康教育課程試案　第2巻』創文企画
4）杉原隆（2010）「『動きのよい子』を育てる」『体育科教育』2010年6月号、大修館書店
5）森敏生（2010）「身体運動文化の本質を問う」2008-2009年度武蔵野美術大学共同研究助成『身体運動文化に関する概念システムと領域構成』
6）久保健（2010）「身体運動文化の教育の基本問題」2008-2009年度武蔵野美術大学共同研究助成『身体運動文化に関する概念システムと領域構成』
7）大貫耕一（2007）「小学校低学年における教科内容の検討」『体育授業研究　10巻』体育授業研究会
8）大貫耕一（2015）「『見えていない』から『見える』へ」『体育授業研究　18巻』体育授業研究会

表4　小学2年生の重点教材達成状況

マット運動		2年生34人
ブリッジ	頭つきブリッジ	2人（5%）
	頭のつかないブリッジ	32人（94%）
肩倒立	不安定な肩倒立	1人（2%）
	安定した肩倒立	33人（97%）
後転	にょろ転	5人（14%）
	不安定な後転	4人（11%）
	安定した後転	25人（73%）
前転	安定した前転	36人（100%）
側転	川跳び側転	1人（2%）
	側転	33人（97%）
	（膝まがり側転）	10人（29%）
	（膝の伸びた側転）	23人（67%）
倒立ブリッジ		10人（29%）
バックブリッジ		9人（26%）
鉄棒運動（コウモリ振り降り）		2年生36人
コウモリ姿勢		36人（100%）
コウモリ振り		34人（94%）
大きなコウモリ振り		30人（83%）
手からの着地		8人（22%）
足からの着地		28人（77%）
安定した足からの着地		22人（61%）
水泳		2年生38人
立位でもぐる（10秒）		38人（100%）
伏し浮き（10秒）		38人（100%）
伏し浮き呼吸で5m		37人（97%）
伏し浮き呼吸で10m		36人（94%）
伏し浮き呼吸で15m		34人（88%）
ドル平泳法で25m		25人（65%）

第2章

小学校低学年体育の授業プラン

第2章　小学校低学年体育の授業プラン

マットを使った運動遊び
（ねこちゃん体操・お話マット）

Ⅰ．教材とその学習について

1．教材の価値

　器械運動は「器械を用いての身体表現」を本質とする。マット運動（遊び）は「マットを用いての身体表現」である。しかし、「表現」であるとともに、低学年の子どもたちにとって、発達発育にかかわる大切な教材だということを強調したい。これは、生まれてから自然に身につけてきた様々な運動の仕方を学びなおすチャンスであることを意味している。具体的には「仰向けに寝た姿勢になること」「仰向けの姿勢で手足を動かすこと」「寝返りを打つこと」「うつ伏せになり背を反らすこと」「這い這いをして移動すること」「高這いをして手足で移動すること」「物につかまって体を支えること」「立ち上がること」「足で歩くこと」「片足で立つこと」「はねること」「走ること」を再学習するのである。この学びは、これらの運動の仕方を十分に身につけてこられなかった子どもだけでなく、すでに身についている子どもにとっても自分の体のもっている可能性を大きく広げていく有効な学びである。ちなみにこの再学習は低学年においては特に重要であるが中学年・高学年であっても、また、身体の機能が衰えてくる成人にあっては人間としての体を整え維持する意味で重要な意味をもっている。

　低学年におけるマット運動の大切さの二つ目は、新たなマット運動（器械運動全般に通じる）特有の身体操作を学びつつ、技の学習を行っていくことにある。「あふり・はね」といった体幹操作や「体のしめ」「足の投げ出し」を学ぶことで本格的な技の学習に入っていくことができるようになる。体のしめのない単なる前転がりの「でんぐりがえし」から、体のしめを使った「前転」へと学びを深めていくことなどが一例である。

2．全体計画・授業を行う上での留意点

　幼児期から学童期への橋渡しの時期にあたるので、この低学年、特に1年生においては、マット運動の技の学習を焦って進めるよりは、それ以前の基礎的な運動（＝運動の再学習と器械運動全般につながる身体操作の学習）をじっくりと行うことが大切である。これは、1年生は月齢の差による発達段階の隔たりが大きいこと、入学前の運動経験のばらつきも大きいこと、過去の運動経験の差によって「逆さになる」「回転する」ことを楽しいと感じる子どももいれば、逆に怖いと感じる子どももいるといったように、個々人によって感じ方に大きな差があるからである。学習の途上で怪我や痛みを伴う経験をすることで苦手意識をもってしまうことや、十分に小学校生活（生活環境・生活リズム）に慣れていないことも考慮しなければならない。大事なことは、大まかな方針・ゴールのイメージを描きつつ、目の前の子どもたち（保護者の理解も含め）の様子をしっかりと見てとって計画し実践してくことである。

24

3．教材の内容

教材は、①「動物歩き」（手のひら支持・逆さ感覚の学習）→②「ねこちゃん体操」（器械運動の基礎的な動きの学習）→③「くまさんこんにちは」「ライオンさんがガオー」（初歩的な技の学習）→④「水平バランス前転・開脚後転・ぞうさん（側転）・たまご倒立」（単技の練習）→⑤「お話マット」という構成（学習内容のイメージ図参照）で考える。この過程を低位から上位へと繰り返し学びつつ、1年生であれば③ないし④、2年生であれば④ないし⑤の段階を目標に学習計画を立てればよいと考える。イメージ図は、あくまでも子どもに提示して授業の進み方を描いてもらうためのものなので具体的な教材名を入れている。中・高学年で提示する際はそこで学ぶ内容（ねらい）を併記すると子どもたちの理解が深まっていく。

Ⅱ．学習のイメージ図

Ⅲ．ねらい

〈できる〉
・前転や後転、側方倒立回転やバランス技を身に付けたり、それらの技を組み合わせて演技するときに楽しさや喜びを味わうことができる。
・乳幼児期の発達段階（寝返り・這い這い・高這い）を学びなおしたり、「手先・足先を意識する」「手足を大きくのばす」「スピードをコントロールする」等の身体や動作を意識したりすることができる。

〈わかる〉
・技の学習を通して、課題の解決の仕方をみんなで考えることができる。

Ⅳ．学習の全体計画

全体計画（表1・2）では、1時間の内容を前半・後半の二つの課題に大きく分けた。これは、指導案作成の際、「ねらい1」「ねらい2」と分けて書くことを求められることを想定している。指導案上の制約がなければ組み方は自由に変えてよい。「何を学ばせたいか」ということと「時間数」「用具」そして「子どもの実態と変容」「教師の指導の力量」によって授業は常に変わりうるものである。昨今は、綿密な指導案作成を求められることが多いが、あくまでも授業は本来の「ねらい」に向かっているのであれば、計画の修正は当然である。授業は子どもたちと創り上げる「ライブ」なのである。

この全体計画は、集団でのお話マットを行うことをねらいとした計画になっている。このため初歩的なお話マットから前転や後転の学習に重点をおいた場合は、後半部分の側方倒立回転（図中では側転と略称）や連続技やお話マット発表会はカットして前半の内容を丁寧に行う方がよい。一つの教材にかけられる時間数が減らされてきている現状を考える

表1 【1年生の全体計画例】(10時間)

時間	1	2	3	4	5	6	7	8	9	10
2	オリエンテーション	集合・あいさつ・健康観察・準備運動								
5	・学習の進め方を知る。	鬼遊び								
3	・用具の準備・片付けの仕方を知る。	マットの準備								
5	・基礎的な運動を行う。「鬼決めジャンケン」「トカゲ鬼」(「クモ鬼」)「ねこちゃん体操」	ねこちゃん体操								
		「ねこちゃんがおこったねこちゃんのあくび」	「かめさん」	「ブリッジ」	「アンテナさん」	「くまさんこんにちは」「アンテナさんから立つ」	「花をさかせてクルリンパ」	「ライオンさんがガオー」	お話マットのモデル	お話マット班練習
20		お話マット：初歩の前転「くまさんこんにちは」	お話マット：初歩の開脚後転「花をさかせてクルリンパッ」	お話マット：初歩の側転「ライオンさんがガオー」	お話マット：初歩の三点倒立「たまご倒立ソッ」	単技「水平バランス前転」	単技「トンクルリ（後転）」	単技「ぞうさん」	お話マット作り	お話マット発表会
42	片付け									
45	整理運動・ふりかえり・あいさつ									

と、アレもコレも充実させたいという実践は、教師にとっても子どもにとっても負担になり、あまり良い成果を得られない。

　1年生で十分にマット運動の技の学習の素地ができている場合は、2年生で側方倒立回転の学習を重視することができる。側方倒立回転は中学年の技として扱われることが多いが、怖さを感じにくく、体重も軽い低学年も学べない技ではない。側方倒立回転を重視する場合は、前転・後転にかける時間を短縮し「ぞうさん」から「側転」へ移行させる過程に時間をかけ丁寧に行う必要がある。

V. 学習の場・グループ

　グループは、基本的に男女混合の異質集団で行う。集団の数としては4人～5人、グループ数としては8くらいが適当である。低学年は生活班で学習を行うとよい。初歩的だが、教え合い・学び合いを組織するために、「班の人の演技をしっかり見ること」「見るポイントを明確にすること」「役割をもたせること」「班での練習時間を確保すること」等、教師の側で指導することが大事である。図は、「くまさん歩き」のチェックを班で行っているものだが、他の技でも同様に取り組むこと

マットを使った運動遊び

表2 【2年生の全体計画例】（8時間）

時間	1	2	3	4	5	6	7	8
2	オリエンテーション	集合・あいさつ・健康観察・準備運動						
5	・学習の進め方を知る。	鬼遊び						
3		マットの準備						
13	・用具の準備・片付けの仕方を知る。・基礎的な運動を行う。「鬼決めジャンケン」「トカゲ鬼」（「クモ鬼」）「ねこちゃん体操」・技につながる運動を行う。「くまさんこんにちは」「ぞうさん」（「壁倒立」）	ねこちゃん体操						
		前転につながる運動「くまさんこんにちは・アンテナさんのポイントをたしかめよう」	後転につながる運動「アンテナさん・ブリッジの手の押しをたしかめよう」	技につながる運動「ぞうさん・1234でオスモウさんを学ぼう」	単技「苦手な技をとくいにしよう」	単技「にがてな技をとくいにしよう＆技をなめらかにつなごう」	単技・連続技「自信をもって演技できるようにしよう」	集団演技「みんなで最終チェックをしよう」
25		前転「水平バランス前転・前転Ｖ字バランスを学ぼう」	後転「花を咲かせてクルリンパッ・トンクルリを学ぼう」	側転「側転診断・ゴム側転でまっすぐな大きな側転にしよう」	連続技「技の終わりを次の技の始まりにしよう」	集団演技「みんなで演技の構成を考えよう」	集団演技「みんなの演技をそろえよう」	お話マット発表会「みんなで演技を楽しもう」
42	片付け							
45	整理運動・ふりかえり・あいさつ							

ができる。

マットの置き方は様々だが、教師が全体を見やすく、子どもたちが準備しやすい形をとることが大事である。扇形や放射線上は教師が全体を見やすく、子どもたちにとっても他の様子を見られる。しかし、子どもたちが並べるポイントを覚えるのが難しいという課題もある。方形は集団演技がしやすいが、班ごとの練習には向いていない。班の間を広くとった並行型に並べ、集団演技の練習と発表では方形に集めるなどの工夫を行う。

各班のマットは十分な長さがある方がよく、長めのマットをつなげて2枚並べるとよい。短いマットは個別の練習の際に補助的に使うとよい。

第2章　小学校低学年体育の授業プラン

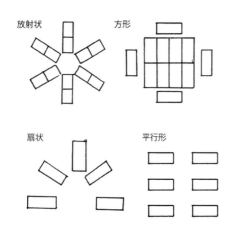

VI. 各教材の学習内容

【おに決めジャンケン・トカゲおに・クモおに・くつ下レスリング】

「おに決めジャンケン」を除いた他の教材はマット運動の動物歩きに相当する。もちろん動物歩きをマットで丁寧に行うことも大切だが、「自由自在に手足を使い走り回り」「転げまわる体験をさせたい」と考えて行っている。ちなみに「おに決めジャンケン」は普通に走るだけだが「主運動に入る前に思い切り走り回らせたい」「行ったり来たりする相手の動きを見てそれをよけながら走る力をつけさせたい」という意図をもって行っている。ただ、よけることがきちんとできなければぶつかる

トカゲおに

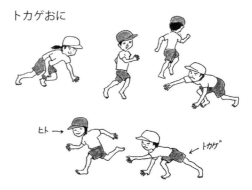

トカゲがヒトをタッチする増えおにです。タッチされたヒトはトカゲになります。

クモおに

クモ（仰向け）がおにになってトカゲをタッチする増えおにです。タッチされたトカゲはクモになります。

おに決めジャンケン

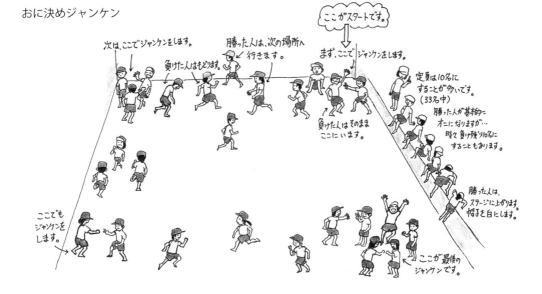

28

マットを使った運動遊び

くつ下レスリング

かかとをはずして
くつ下をはきます。

危険性があることを教師が承知した上で「広さ」「人数」を考慮して実践することが大事である。これは他の教材でも同様で「競争的」に行うことによる危険性は予測しておく必要がある。

これらの運動を行う前にくつ下を脱がせ裸足になること、手首・足首の関節をほぐしておくことは怪我予防の上で大切である。くつ下レスリングで使うくつ下は片方だけポケットに入れておくとよいだろう。

近年体操教室に通っている子どもが増えている。このような子どもたちは体操教室で習った前転や後転といった技はそれなりにできるが、身体の動きに幅がなく習っていない動きはできなかったり、怪我をしやすかったりする傾向がある。そのような子どもたちが多くなっているからこそ「手足で走り回る」「くんずほぐれつする」経験が大事である。

【ねこちゃん体操】

前述の準備運動が終わったらマットの用意をする。ただし、くつ下レスリングを行うのはマットの準備をした後になる。子どもたちはここで帽子を脱ぐとよい。帽子はマット運動をする際、じゃまになるからだ。マット運動を行っている期間中は髪型や手足の爪の長さにも注意が必要である。

ねこちゃん体操は、埼玉県の小学校教諭だった山内基広氏が考案した教材である。その場で器械運動に必要な身体操作が学べる工夫が込められている。この教材は、イメージ図では「技につながるお話マット」の前段階に位置しているが、内容的には「ねこちゃん体操」は「技につながるお話マット」よりも高度な身体操作の学習を含んでいる。具体的には「技につながるお話マット」は体のしめや体幹操作を学んでいなくともできる運動だが、「ねこちゃん体操」は体のしめや体幹操作を学ぶための教材であるからだ。内容的には高度だが授業の組み立てとしては「すぐにできなくても」学び続けることによって習熟させるというねらいがあるため学ぶ順番として前段階に位置している。

実は「ねこちゃん体操」自体が「お話マット」でもあり、イメージ図中の区切りが点線になっているのも実は各段階は厳密にみるとつながりあった部分をもっている。一例をあげれば、アンテナさんから足の投げ出しによ

アンテナさんがピーン　　ポキッ　　で　　お～～～～～～～し　　まいっ　ピシッ

29

第2章　小学校低学年体育の授業プラン

って立ち上がるところは前転の後半部分の練習としての意味を持たせることができる。あるいは「ねこちゃん体操」自体をより高度な教材に変化させることも行われている。

【くまさんこんにちは・ライオンさんがガオー】

これらのお話マットも山内氏の考案によるものである。「ねこちゃん体操」が「その場でのお話マット」であったのに対し、「くまさんこんにちは」「ライオンさんがガオー」は移動を伴う。これらの二つのお話マットは「くまさん歩き」をすること「山（とび箱の最上段）」を越えることによって動きの中から前転と側方倒立回転の動きを引き出せるところに特色がある。次頁の図をよく見ると、これらの図中の動きにはまだ体のしめが感じられない。この段階では前転以前の「でんぐりがえし」、側方倒立回転以前の「円盤回り」レベルの動きで十分だということだ。

ちなみに、従来から行われていた動物歩きはこの段階に組み込んで行うことがよい。子どもたちは、楽しく様々な動物のまねをしてくれる。その中からマット運動に生きる動き

マットを使った運動遊び

はじめます　くまさんが　やってきて　こんにちは　こんにちは　さようなら　はいポーズ

はじめます　ライオンさんが　やってきて　ガオーやまをとびこえ　くるりんパッ　ポーズ

を見つけ出して、取り上げることは大いに意味がある実践だが、授業の時間数の制約が多くなった昨今、たっぷり実践することが難しくなっている。

【大また歩き水平バランス前転・花をさかせてギュッ　クルリンパ・たまご倒立ソッ・トンクルリパ（後転）】

　これらの教材は、前述の「くまさん…」「ライオンさん…」に比べ、マット運動の技の学習の色合いが濃くなっている。身体操作でも「体のしめ」を行うことが必要になるため、「ねこちゃん体操」の学習がより生きる内容になっている。

　大また歩き水平バランス前転は、視点の急激な落とし込みという「とび前転」や「側方倒立回転」につながる身体操作を学ぶことができる。前転の練習としては、移動しながら高い位置に体があることから自然に大きな前転を行うことができる。ただ、「大また歩き」でバランスを前方に崩しつつ歩くことがかな

り難しいため、水平バランスから前方に投げ出すようにして行うことも意味がある。

　「花をさかせてギュッ　クルリンパ」（32ページ参照）は手で花を作り見つめることで肩甲骨を開き回りやすい姿勢をつくることに特徴がある。一般に後転の指導では手のひらを耳の横に構えさせるが、こうしてしまうと肩甲骨の間が狭まり背筋が伸びた回りにくい姿勢になってしまう。もう一つ、ゆりかごという練習方法によって体を小さく丸めれば丸めるほど回りやすいと信じられているが、実際は逆に上半身と下半身の角度を開いたり閉じたりする動きによって回転する力が生まれてくる。

　この練習は次の「トンクルリンパ」の練習で「トン」と後方へ尻を落とすことによって後転の技として完成させていく。これらの二つの練習はいずれも開脚後転によって行う。足を開くことによる反動をつけられること、足を開くことで腰の位置が低くても立つという利点がある。

はじめます　おお　また　あるき　水平バラ〜ンス　ぜ〜ん　てん　ポーズ

31

第2章　小学校低学年体育の授業プラン

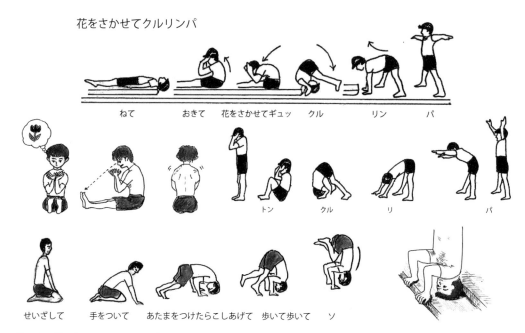
花をさかせてクルリンパ

　「たまご倒立ソッ」は、三点倒立の前段階として背中が反る手前の頭に体重がのって足が軽くなって上がる経験をするための教材である。このため、足は「上がる」というのが大事で「上げる」ではないし、ましてや「蹴る」でもない。「ソッ」という言葉からイメージされる通り、重心が頭にのったその感覚を味わうためのものである。図にも示したがマットを2枚重ねた1枚目の端をつかみ2枚目のマットの端に後頭部をつけると低学年の子どもは動作のポイントがつかみやすい。

　お話マットについて、どのような言葉かけをするかは、実践を行う教師と子どもが作り上げていくものである。今回、紹介した教材の言葉にしても厳密に決まっているものではない。目的に沿った動きが引き出せるような言葉を学級の子どもたちとともに作っていってほしい。

【ぞうさん～側方倒立回転】
　側方倒立回転は、発展性のある大切な技になる。ただし、この技の学習に入るにあたって確認しておくことが二つある。一つは側方倒立回転の動きはいわゆるナンバの動きだということである。右手と右足・左手と左足が同時に出る動きになる。この点を理解していないと普通に歩くような動きをしてドタッと転んでしまう。もう一つは「回転」「回る」というイメージと実際の動きが異なることである。子どもたちは、横を向いて車輪のように回るイメージを描きやすく、そのイメージの通りに行う子どももいるが、実際の側方倒立回転は「手をついて足を上げ、空中でその足を入れ替えて下ろす」というイメージの方が実際の動きに近くなる。ただ、下ろす方向が異なるだけなのだ。「ぞうさん」は、この「上げて下ろす」という動作を最初は足を入れ替えずに行い、次に入れ替えて行い、徐々に下ろす方向を変えていくという練習方法である。足を上げると背中方向に倒れてしまうのでは…という恐怖心を減らすには背中をペアの子どもが押し返すという練習が効果的である。

　ほとんどの子どもは、この「ぞうさん」の

マットを使った運動遊び

①足を入れ替えずに

パオ〜ン　　ぞぉ〜おさん

②上で足を入れ替える

③ロープなどを利用して

ロープを使って横移動

④ロープをだんだん広くして側転に

解しやすくなる。

　なお、側方倒立回転を技として仕上げるのは、中学年になってからでも十分間に合うため、低学年で取り組む際は、手足の動きがわかって腰がそれなりにあがる段階でも十分である。

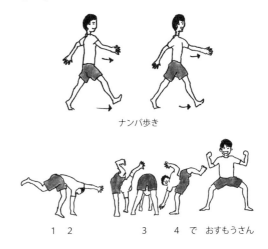
ナンバ歩き

１　２　　　３　　４　で　おすもうさん

【「お話マット」モデル】

　お話というよりは技名に動きのイメージを加える形で実践することが多い。「はじめます。（はい、どうぞ。）前転・前転・V字バランス・肩倒立・前屈ギュ・開脚後転・後転で立って、ホップでそ〜く転、ビシっ」という声かけを行う。実際の技では２回目の前転はゆっくり回ってV字バランスで止められるようにスピード調整を行う。側方倒立回転の学習が十分でない場合は「後転で立ってビシッ」で終了することも可能であるし、最後の

練習だけで側方倒立回転ができるようになっていくが、ナンバの動きがよくわからない子どもには、「１２３４（足手手足で）おすもうさん」という練習で手足の動きの関係が理

はじめます　　あし　　手　手　　あし　　あし

側方倒立回転でのホップ（片足での跳躍）をなくす、あるいは最後をロンダートにすることもできる。要は「前転・後転・バランス技・側方倒立回転」という単技として学んだ技が連続して無理なく行えることが大切なのである。このモデルは低学年から高学年まで学年を問わず有効になる。また、このモデルをもとに子どもたちが自ら技の構成を工夫していくこともできる。

方形マットを利用して斜めや時間差という動きを取り入れることも可能だが、低学年という発達段階を考えると同一方向にシンクロしての演技や向かい合って交差する動きで構成し、技のスムーズな連続やペアや班でスピードや動きを合わせることを重視する方がよいと思われる。特にペアや班で行う際には苦手な子どものスピードに合わせることで、苦手な子どもも一緒に行えるだけでなく上手な子どもにとっても技を丁寧に行う動機づけになり学びが深くなっていく。

Ⅶ. おわりに

マット運動は、「新しい体の動き」を学ぶことで「新しい自分」に出会うことのできる教材である。「体の動き」を探究し、それを言葉で表現する楽しさも味わえる教材である。友達と学び合うことで「ともに学ぶ」楽しさを味わうこともできる教材である。このようなマット運動という教材のもつ意義とその発展の可能性について理解し充実した実践を行ってもらいたい。

第2章 小学校低学年体育の授業プラン

鉄棒を使った運動遊び
（お話鉄棒・こうもりふり）

Ⅰ．教材について

1．教材の特性

　器械運動は「器械を用いての身体表現」を本質とする。鉄棒運動では、器械にあたるものは鉄棒である。しかし、低学年、特に1年生においては鉄棒だけにこだわらず、固定遊具も含めて学習計画を立てていくことが大切である。それは、マット運動における動物歩きにあたる基礎的な運動は、鉄棒運動では固定遊具遊びだからである。例えば、雲梯やブランコのスイング動作は鉄棒運動と共通し、ジャングルジムでの立位・逆さでの姿勢の保持、高さへの慣れは鉄棒運動を行う怖さの軽減に役立ち、登り棒での足抜き回りの動きは逆上がりへつながるといった具合である。

　鉄棒運動は、他の器械運動の教材に比べ小学校2年～4年の間に学習を深めないと習得・上達が難しい。これは体型的に重心の位置が高く体重も軽い時期に行う必要性が他の器械運動に比べて高いからである。この適時性の問題に加え、マット運動に比べて鉄棒から落下する怖さや、ゆっくり行える技が少ない（特に回る技ではスピードが必要）ことも鉄棒運動の学習を難しいものにしている。また、手のひらにマメができたり、皮がむけたり、膝の裏がすれたりという痛みも学習を妨げる大きな要因である。このため、「怖さ」や「痛さ」を軽減し「楽しい」と感じさせる手立ての工夫がマット・跳び箱運動以上に必要となる。例えば、鉄棒の下にマット（セーフティーマットならなおよい）を敷くことである。ただ、セーフティーマットは万能ではなく、やはり頭から落ちれば頸椎を痛めたり、足が重なって落下すると骨折したりする等の危険性があることは十分に予測しておくべきである。膝をかけた時の痛みを防ぐ鉄棒に巻くタイプの補助具も市販されているが、水道管カバーで代用可能である。古い靴下を切ってサポーターのようにして膝に装着すれば十分な効果がある。現在では安価なサポーターもあるので学習を始める前に家庭に連絡して準備してもらうとよい。

2．全体計画・授業を行う上での留意点

　低学年（特に1年生）は、固定遊具遊びから鉄棒運動への移行期間と捉えられる。このため、1時間の授業の中で前半は固定遊具遊び、後半は鉄棒運動とすることに意味がある。ちなみに鉄棒が体育館に設置できるのであればマット運動や跳び箱運動と組み合わせて鉄棒の授業を行うことで共通する身体操作を学べるよさがある。外で行う際も、側転のように屋外でも行いやすい技であれば、鉄棒の単元と組み合わせて実施することもでき

る。

3．教材の内容

　鉄棒運動において重要な動作は「体の特定の部位を鉄棒にかけてのぶら下がり・スイング」と「棒上での姿勢保持」である。鉄棒を「握る」と表現されるが、実際は「かける」「押さえる」であって「握って」はいない。この点が登り棒の「握る」とは異なる。

　指（手）を観察すれば、親指以外の四指を「かけて」回り、棒上で静止するときは手首を反らし手のひらで「押さえて」体を支えていることがわかる。「かける」部位は指（手）以外にもお腹（ふとん干し）膝（こうもり）、肘や足首等と体の様々な部位で行うことができる。「かける」の際に脱力してぶら下がることで、体をゆらす動き（スイング）を起こすことができる。

　指（手）での「かける」の重要性は、ブランキエーション（枝にぶら下がっての移動）を得意とするテナガザル類では親指が極端に短いこと、同様に木を伝い歩くクモザルでは親指そのものがないことを見ても伺えることである。もちろん人間の運動と猿類の動きを単純に比較するわけにはいかないが、親指以外の四指で「かける」ことがスイングにおける基礎となる。落下防止のために親指で他の四指を押さえることは鉄棒指導上の常識となっているが、まずは四指で「かける」べき時にしっかりと「かける」ことを学ぶことが落下防止のためにも、技の学習のためにも重要である。

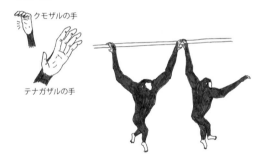

　「押さえる」（この場合はほとんど手のひら）ことは棒上で姿勢を保持する場面で見られる。低鉄棒の場合は「つばめ」といわれる姿勢になる。ここでもっとも重要なことは手首を返して手のひらで棒を押さえること。この時の手のひらの使い方は曲面（棒）か平面（マット）という違いはあるが、しっかりと体重をのせるという点では共通している。

つまり順手でも逆手でもしっかりと棒を押さえられるように手首を返さなければならない。このため、棒上に上がってくる必要のある「回る技」「上がる技」はこの手首の使い方が重要になる。さらに「押さえ」による支持場面では逆に体を「しめ」て姿勢を保つことが要求される。このように鉄棒運動の初歩的学習段階の低学年においては、「かける」（脱力）「押さえる」（しめ）という二つのことを学ぶことが重要である。

Ⅱ．鉄棒学習のイメージ図

Ⅲ．ねらい

〈できる〉

- 固定遊具遊びや「ぶたの丸やきスイング」「こうもりふり」「足かけ後ろ回り」を身に付けたり、それらの技を組み合わせて演技するときに楽しさや喜びを味わうことができる。
- 手のひらでの支持やぶら下がり、スイング等の身体操作を意識したりすることができる。

〈わかる〉

- 技の学習を通して、課題の解決の仕方をみんなで考えることができるようにする。

Ⅳ．学習の全体計画（表1・2）

表1　【1年生の全体計画】（8時間）

時間	1	2	3	4	5	6	7	8
2	オリエンテーション ・学習の進め方を知る。 ・用具の準備・片付けの仕方を知る。 ・「鬼決めジャンケン」「ふやし鬼」 ・固定遊具遊び ・試しの鉄棒運動	集合・あいさつ・健康観察・準備運動							
5	~	鬼遊び						
3	~	鉄棒下のマットの準備						
20	~	固定遊具遊び						
~	~	「ふとん干し」	「地球回り」	「おさるの絵かき」	「手つきこうもりおり」	「こうもりふりおり」	「こうもりふりおり」	お話鉄棒の練習
20	~	「前回りおりソット」	「ぶたの丸やきスイング」	「こうもり」	「こうもりふり」	発明技作り	お話鉄棒作り	お話鉄棒発表会
42	片付け							
45	整理運動・ふりかえり・あいさつ							

表2 【2年生の全体計画】(8時間)

時間	1	2	3	4	5	6	7	8
2	オリエンテーション	集合・あいさつ・健康観察・準備運動						
5	・学習の進め方を知る。	鬼遊び						
3	・用具の準備・片付けの仕方を知る。	鉄棒下のマットの準備						
	・「鬼決めジャンケン」「ふやし鬼」・固定遊具遊び・試しの鉄棒運動	「前回りおりソッと」	「こうもり」	「こうもりふり」	「足かけ後ろ回り」	「回る技だるま回り」	「連続技」	お話鉄棒の練習
		「ぶたの丸やきスイング」	「手つきこうもりおり」	「こうもりふりおり」	「こうもりふり」	「上がる技」	お話鉄棒作り	お話鉄棒発表会
42	片付け							
45	整理運動・ふりかえり・あいさつ							

V．学習の場・グループ

前述したように、鉄棒運動を行う際には、鉄棒の下にマットを敷く。これは子どもたちの怖さ・痛さという恐怖心を少なくし、実際に落下した際の怪我防止のために大切である。また、鉄棒の下にマットを敷くことによって「落ちっこ大会」のような遊びも可能になる。10年〜20年前の子どもたちと比べて固定遊具遊びを含めた運動経験の少なさもあって、怖さを感じると思わぬところで手を離してしまうという事態が多く発生している。マットで全ての怪我を防ぐことはできないが安全対策としては重要である。授業ごとに運ぶのが大変であれば、運動委員会の活動の一つとして朝設置して放課後しまうというようにしてもよい。このようにすると休み時間の鉄棒での遊びの際の安全も確保される。

現在、小学校において鉄棒といえば低鉄棒での学習が一般的になっている。撤去されたり、もともと設置されなかったりして高鉄棒

がない学校も多い。高鉄棒があれば比較的容易に学べるのが「指（手）をひっかけてのスイング」である。高鉄棒に代わるものとしては雲悌があるが、これは傾斜がついているため（しかも最初が上り坂！）学習の場としては十分ではない。

低鉄棒で行う場合は、膝を曲げるなどしなくては足が地面についてしまう。その点、体育館の鉄棒は高さの調整ができるのでスイングの学習には有効である。

マット運動と同様、生活班で学習を行ってもよいが、鉄棒の高さによっては背の高さも考慮する必要がある。つまり、鉄棒の場合は背の順でグループを組むか、ペアやトリオ（2〜3人）という少人数にして高さの違う鉄棒に自由に移動できる配慮も必要である。

教え合い・学び合いのためには、「班の人の演技をしっかり見ること」「見るポイントを明確にすること」「役割をもたせること」「班（ペア）での練習時間の確保」「班と班の場所の譲り合い」等が大切になる。また、教師は補助に入る時以外は、鉄棒全体が見渡せる位置に立ち、学習への取り組みの状況や安全面についての注意を行うことが大切である。

苦手な子どもほど低い鉄棒で行いたがるが、行う運動によって適切な高さがあることを指導する必要がある。一般に目の高さからあごの高さくらいの鉄棒がいろいろな技を行う上でやりやすいが、棒に上がるのが苦手な子どもにとっては若干高いので、支柱を使って上がらせたり、友達が補助したり、という手立てをとることが大切になってくる。

けんすい振り

足ぬき回り

VI. 個別の学習内容

1. 固定遊具遊び

1年生の、それもごく初期の段階では、積極的に遊具とかかわろうとすればよしというくらいの指導でよい。これまで固定遊具でほとんど遊んだ経験がない子どももいるので十分な見取りが必要になる。

固定遊具遊びでは、登り棒による「足ぬき回り」と雲梯での「スイング」が、鉄棒運動に直結する要素を含んでいる。雲梯はフラットか片側の傾斜のものが子どもに無理なく行わせることができる。待ち時間が長くなるので他の遊具と併用しながら効率的に行う工夫が必要になる。

2. ふとん干し・ソッと前回りおり・地球回り

鉄棒での学習は、「かける」動きは、お腹でぶら下がる「ふとん干し」、膝裏でぶら下がる「こうもり」、指（手）と足首でぶら下がる「ぶたの丸やき」、指（手）でぶら下がる「地球回り」がある。痛さやこわさが少ないのは「ぶたの丸やき」である。技のネーミングは、子どもたちの感性にピッタリするものを選ぶと活動の盛り上がりの面でも技の習得の面でも有効に働く。私の担任した子どもたちは「ぶたの丸やき」より「ナマケモノがよい」という意見が多く「ナマケモノ」になった。また単に技に名前をつけるだけでなく一連の動きを「お話鉄棒」としてまとめることも有効である。例えば「ナマケモノ、木登り木登りよっこらしょ、片手をはなしてブ〜ラブラ、両手をかけてブ〜ラブラ、足をはなしておりました」というものである。これは

見ている人が声をそろえて言うようにするとよい。また演技する人は「はじめます」と言って始め、見ている人は「はいどうぞ」と答えると活動にリズム感が出る上に、安全面の向上にも役立つ。

「ふとん干し」は体の脱力が重要になる。ただ、肥満気味な子どもは、鉄棒がお腹にくいこんで痛いことがあるので注意が必要である。上手にできる子どもをお手本にするとともに、苦手な子どもが何でつまずいているのかを教師が率先して考え寄り添う姿勢をしっかりと見せることで、子ども同士が教え合い・補助し合えて、みんなが「わかる」「できる」授業になっていく。

「ソッと前回りおり」は、乱暴にドタッと足を地面につけずソッと下りることで体の動きのコントロールと「ダンゴムシ懸垂」と呼ばれる持久懸垂的な動きが学べる。できるだけ「ソッと」下りることを競争的に行わせると本当に一生懸命になる。自分の体の動きを意識させるのに適した教材である。

「押さえ」による支持は「つばめ」によって学ぶとよい。「つばめ」から後方への「ふりとび」は子どもたちが喜ぶ運動だが、最初は後方に下りるところから始め、少しずつ遠くへ着地させるようにする。その際、足をふって（腰をあふる）（43ページ左の図参照）とよいことを指導する。

3．ぶたの丸やきスイング・地球回り

「ぶたの丸やき」から左右の手のひらの握りかえによって、体のスイングを作っていく運動。「ぶたの丸やきスイング」は、「かける」→「ぶら下がる」→「スイング」という一連の流れを手の操作によって学んでいく重要な教材である。ポイントは脱力と手の握りかえだが、すぐに教えるよりも子どもたち同士で研究させるとよい。ゆらそうとして体に力を入れてくねらせる子どもも出てくるが、あえて失敗を経験させることで体の動きの違いを比較研究させる。ここで学んだ手のひらの握りかえは「回る技」の学習に生きてくる。

「地球回り」は、「こうもり」と並んで低学年で学ぶ重要な技である。鉄棒にぶら下がることができる多くの子どもにとって安全で楽しい教材である。「ぶたの丸やきスイング」のような手の握りかえはないが、ぶら下がった状態で体が動く体験は、「こうもりふり」の前に経験しておくことが大切になる。ただし、お尻を体の中心にもってくるのに若干の筋力と逆さになる恐怖心を克服する必要がある。「足抜き回り」や「こうもり」になれない子どもには丁寧な指導が必要になる。足で地面を蹴るのではなく、重心を体の中心に近

ぶたの丸焼き

足ぬき回り

地球回り

両膝かけ・おさるの絵かき

こうもり

づける感覚をきちんと教えることが大切である。

4．こうもり・こうもりふり・こうもりふりおり

「ぶたの丸やきスイング」をよりダイナミックな形で学ぶのが「こうもりふり」である。「こうもりふり」の場合は背中側と腹側の動きの中でともにゆれの頂点に達する前に頭（首）を操作することによってスイングを作ることを学ぶ。

「こうもり」は、子どもたちがとても喜ぶ運動である。膝のサポーターがあると膝裏の痛みを軽減できる。「こうもり」では、まずは片手ずつ手を離すことを教える。片方の離した手で地面に絵を描く「おさるのえかき」はスモールステップとして有効である。鉄棒の高さは、地面に手のひらがしっかりとつく高さがよい。低すぎると肘が曲がってしまい体を十分に支えることができず危険である。怖さを感じている子どもは、最初は「こうもり」から手を着いて膝をはずして下りるよりも、もう一度鉄棒にぶら下がってから足から下りさせる方がよい。また、手をついて下りる際には「前方へ手で少し歩いてから下りるんだよ」という声かけが安全な着地のために重要

である。

安全面での配慮としても技の学びとしても「こうもりふりおり」で十分にスイングができないうちに「おりる」（足で着地しようとする）ことがないよう指導する必要がある。ここでの学習はスイングを作り出すことが目的であって着地することではない。「勇敢な男の子たち」は、とにかく着地することを目指したがるが、まずは「ふりが大事」と集中させることである。

「こうもり」からはマットに両手を着いてしっかりと体を支えてからおりる練習で首（視点）の変化を学ばせていく。徐々に大きくふれるようにしていくが、ペアの子どもが背中側に立って手にタッチさせるとふりを大きくする目標ができて有効である。腹側に立ってタッチすると落下の危険性があるため背中側で行うことをしっかり指導する。ふれるようになったら教師の補助で下りる経験をさせる。その際、視点をマット側に移し背中を丸くして下りることを意識させる。セーフティーマットへの「落ちっこ」大会ならば、腹でダイビングするように落ちてもよいが、通常

のマットの場合は「両手・両足着地」によってまずは安全を確保することが大事になる。「こうもりふりおり」は段階的に指導すれば、安全に誰もができるようになる技だが、学校によっては「こうもりふりおり」が鉄棒の技としてあまり行われておらず（授業・遊びで）、結果として教師も保護者も子どもたちもよく知らないという状況も今日では珍しくない。「危険な技」だと思われないためにも丁寧な指導過程が必要である。

せる。私は「たおれてカチャ（膝をかける）ペッタン（上体と腿をつける）」という声かけを行っている。「足かけ後ろ回り」は落下させなくても、鉄棒に巻きつく形で重心を移していく方法でも回れるが、他の技への発展性は乏しくなるので、「巻きつき型」をする子どもには「もう一つの方法（＝背筋を伸ばす）もあるよ」という働きかけが大事になってくる。

5．だるま回り・足かけ後ろ回り

「こうもりふり」でスイングができるようになったら、次は「だるま回り」「足かけ後ろ回り」の指導へと進んでいく。

「だるま回り」も「足かけ後ろ回り」も鉄棒から遠い位置にある体（頭部）を落下させるエネルギーを上手に使うことで回転することができる。「だるま回り」は体が鉄棒に近い位置にあるため、恐さは少ないが、勢いがつけにくいという問題点がある。また、うまく回れなかった時にあごを鉄棒にぶつけやすいので注意が必要である。ちなみに高学年で鉄棒が苦手な子どもが多い場合には、「だるま回り」はみんなで取り組みやすい教材として適当である。

「足かけ後ろ回り」は、鉄棒に足のつけねを乗せ背筋を伸ばした高い位置から体を落下さ

6．技の発展とお話鉄棒

ここまで述べてきたように、鉄棒の学習は、「固定遊具遊び」→「ぶら下がる」→「スイング」→「回る」→「上がる」という過程をたどる。鉄棒の技としては「足かけ前回り」「腕立て前回り」「腕立て後ろ回り」「両足かけ後ろ回り」「両足かけ前回り」と回る技で様々な技を習得していく。鉄棒が得意で休み時間に自分から進んで取り組む子どもはドンドン新しい技に挑戦しできるようになっていくが、苦手な子どもはいつまでも痛さと怖さの中でぶら下がるのみといったことにもなりかねない。鉄棒がブームのように学級全体に浸透するまでは、じっくりと「固定遊具遊び」や「ぶら下がる」「スイング」を楽しく回数をかけて行うことが低学年においては大切である。

第2章 小学校低学年体育の授業プラン

「ぶたの木登りよっこらしょ　片手はなして　またつけて　足をはなしておりました」

「おさるさん　片手はなして　字をかいて　ペタペタ進んでおりました」

「おさるさん　ひざを上げて　ちゅうがえり　おしりを上げて　ちゅうがえり」

「おさるさん　こんにちは　こんにちはで　くるっとまわって　ハイポーズ」

「おさるさん　両手はなしてブーラブラ　手をばってん　くるりと回って　ハイポーズ」

　楽しく回数をかけて行うための一つの方法は前述した「こうもりふり（おり）」を中心的な教材にすることである。この技のもつスリルとパッと両足で立てた時の達成感は、子どもたちの意欲を掻き立てるのに十分なものがある。もう一つの方法は「お話鉄棒」である。学習班のみんなができる技をつなげ、み んなで揃って演技をするものである。ペアでもトリオでも実施可能である。例えば「ソッと前回りおり」という技一つでも、息をそろえて「ソッと」おりるのは難しい。「こうもりふりおり」がシンクロするようになると見ごたえのある演技になる。演技を合わせるためには、上手な子が苦手な子に対して気配り・

気遣いをすることが必要になる。また、お話鉄棒に自分たちで考えた発明技を組み込むことも興味を持たせる重要なポイントである。２年生くらいになると二人の合体技を発明したり、技をシンクロさせたり、わざとずらしたりと様々な取り組みが見られるようになってくる。

7.「たかが逆上がり、されど逆上り…」

「逆上がり」ができるかできないかは、調査が行われていることでもわかるように社会的にもそして教員の間でも鉄棒の技の中心的な教材だと考えられているようである。しかし、鉄棒の技としては上がる技の一つでしかなく、その後の発展に乏しい技でしかない。ただし、他の技ができれば逆上がりができることが多いという意味では指標になり得る技であることは確かである。私たちの経験では「足かけ後ろ回りが３回連続でできるようになると逆上がりはできる」と言われている。しかし、逆は必ずしも真ならずで、逆上がりだけに一生懸命に取り組んでも他の技が自然にできるようになることはない。

　筋力が必要だと思われている逆上がりだが、マット運動の後転で必要とされる程度の腹筋に力を入れて「ウッ」と丸まれる位の力で回ることができる。仰向けに寝て鉄棒に手をかけた状態から後転をする動きを練習することで逆上がりの時の体（特に体のしめ）を学ぶことができる。もちろん、逆上がり補助板を利用して鉄棒と体の位置を近づけることによって出来やすい状態を作ることも有効な練習方法だが、意外に床（や板）を片足で蹴る動作によって体が丸まらずに反ってしまうことが多い。重心の位置に近い、低い鉄棒を使ってほとんど地面を蹴らず行う（懸垂逆上がりに近いイメージ）方が苦手な子どもにとっては体のコントロールがしやすい。いずれにしても、鉄棒の他の技やマット運動の後転に取り組む中で体を丸めて持ち上げる動きを学んだ結果として、逆上がりもできるようになっていくことがより豊かで楽しい学びになると思われる。

Ⅶ. おわりに

　器械運動の中でも、痛さ・怖さに加え速さや筋力が要求される割合の高いものが鉄棒運動である。その意味では授業時間だけで鉄棒運動の楽しさを味わわせるのは大変難しい。だから「休み時間には鉄棒へ行こう」という雰囲気づくりが重要である。一方でいったんブームになれば、マット・跳び箱と違い鉄棒は校庭に常設されているため、遊びの中で子どもたち同士が自然に関わって技の高度化が図れるというよい点もある。運動経験の少なさから、思わぬ怪我が増えている昨今だが、低学年の授業で基本的な鉄棒での身体操作を学ばせることで安全に楽しく鉄棒運動を行える入り口にいざないたい。

第2章　小学校低学年体育の授業プラン

器械・器具を使っての運動遊び

Ｉ．教材について

　器械・器具を使っての運動遊びでは、逆さまになる感覚、腕で体重を支える感覚、スイングをつくりだす感覚、バランス感覚、踏み切りを調節する感覚、跳び下りて着地する感覚等の基礎的運動感覚を遊びながら身に付けていくことができる。

　どんな動きをすれば、どんな運動感覚が身につくのかを教師が意識しながら指導して、バランスよく身に付けさせていくようにしたい。

　また、器械・器具を使っての運動遊びは、自分で技をつくりだしたり工夫したりするところにおもしろさがあり、低学年の子どもたちにも簡単に行うことができる。

　さらに、単元の後半に「電車ごっこ」を取り入れることで、運転手になった子どもは、「どの固定施設に行こうか？　自分の考えた技をみんなはできるか？」とわくわくしながら喜んで取り組む。

　そして、お客さんになった子どもは、運転手の動きをよく見て「まねる」ことを自然に行うようになる。

　このように、ルールを守って友だちと一緒に活動したり、自分以外の人を意識したり、観察したりしながら活動することは、グループ学習の初歩的段階となる。

ＩＩ．ねらい

〈できる〉
・友だちの動きをまねて、新しい技をつくり出し、基礎的運動感覚を身につける。

〈わかる〉
・自分や友だちの姿勢や動きがどのようになっているかわかる。

〈かかわる〉
・グループで協力して電車ごっこができる。

ＩＩＩ．学習の進め方

【1年生の全体計画例】

	器械・器具、固定施設遊び	電車ごっこ
	1.2.3	4.5.6
ねらい	施設や遊具の安全な遊び方を知り、いろいろな動きに挑戦する。	新しい技をつくりだし、友だちの動きをまねする。
内容	①施設や遊具の安全な遊び方を知る。②固定施設遊びをする。③ミニ発表会。	①遊び方を知る。②電車ごっこ。③ミニ発表会。④発表された技をまねする。

【2年生の全体計画例】（省略）

　1年生で経験していなければ、1年生の計画例のように取り組むのが望ましい。

　一方、1年生で経験していれば、「電車ごっこ」から取り組むことが可能である。

　また、固定施設遊びを準備運動として帯状に時間をとって取り組むという方法もある。

Ⅳ．授業プラン（1年生の例）

1．固定施設遊びの学習（1時間目）
― オリエンテーション ―

（1）ねらい
・遊具や施設の安全な準備の仕方と片付け方や遊び方を知る。
・固定施設遊びでいろいろな動きに挑戦する。
・遊びの後半は、電車ごっこにする。

（2）授業のながれ
①学習課題
・遊具や施設の準備や片付け方と遊び方を知る。
・固定施設遊びのルールを知る。
②準備運動
③みんなで準備
・遊具の運び方やセットの仕方を一つひとつ確認しながら、準備をする。
・遊具や固定施設の簡単な遊び方の例を示す。その際、危ない例も見せる。
④グループで遊ぶ
・グループごとに並んで順番を決める（グループの人数は学級の実態に合わせて2～4人にするとよい）。
・決められた固定施設へグループみんなで行って自由に遊ぶ（危ないことはさせないようにする）。
・教師の合図で、決められている次の固定施設へグループみんなで行く（1回毎に確認し、次回からは自分たちで動くことを伝えておく）。
⑤みんなで片付け
・遊具の運び方や置き方等を一つひとつ確認しながら、片付けをする。
⑥次回の予告
・グループで協力して固定施設遊びをする。
・最後にミニ発表会をする。

※1時間目は、オリエンテーションとして、子どもたちが活動の仕方を理解できることに重点をおく。

●体育館で行う場合のセッティングの仕方

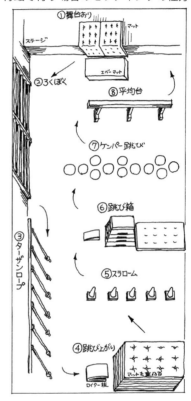

●ミニ発表会の様子

2．固定施設遊びの学習（2・3時間目）

（1）ねらい
- 遊具や施設の安全な遊び方を知る。
- 固定施設遊びでいろいろな動きに挑戦する。

（2）授業のながれ
①学習課題
- 固定施設遊びでいろいろな技に挑戦する。
- 固定施設遊びのルールを知る。

②準備運動

③グループで遊ぶ
- グループごとに並んで順番を決める（グループの人数は学級の実態に合わせて2～4人にするとよい）。
- 決められた固定施設へグループみんなで行って自由に遊ぶ（危ないことはさせないようにする）。
- 教師の合図で、決められている次の固定施設へグループみんなで行く（教師がローテンションを組み、子どもたちがわかるように掲示しておくとよい）。
- 3分くらいで次の遊びへ移動する。

④ミニ発表会
- グループで一番おもしろい遊び方や、他のグループがしていないような遊び方を一つ選んで発表してもらう。
- 教師が子どもに身に付けさせたい動き（逆さ、腕支持等、基礎的運動感覚を養えるもの）をしている遊び方を、特に取り上げて発表させる。また、その遊び方を次時の授業のはじめに思い起こし、みんなで挑戦できるようにする。

（3）学習のポイント
固定施設を使って、様々な動きを経験することに重きをおきたいので、グループ練習のところで新しい動き等を紹介していく。

● 電車ごっこの様子

● ミニ発表会の様子

3．電車ごっこの学習（4～6時間）

（1）ねらい
- 遊具の施設を使って動きを工夫したり、新しい技をつくり出したりする。
- 友だちの動きをよく見てまねをする。
- グループで協力して電車ごっこを行う。

（2）授業のながれ
①学習課題
- 電車ごっこをして発明技をつくる。

②電車ごっこのルールを知る。
- 運転手の順番を確認して、グループごとに並ぶ。
- 運転手は自分の好きな固定施設や遊具に、お客さんを連れて行く。（はじめは教師がローテーションを組んでおくが、しだいに子どもたちにどうまわるか相談して決めることができるとよい。）
- 運転手は、自分でつくった技をお客さんに見せる。（危ないことはしないようによく指導しておくようにする。）
- お客さんは運転手のまねをする。まねできない時は、それに近い技をする。
- お客さんみんなが技をやり終えたら運転手を交代する。

③電車ごっこをする

④ミニ発表会
- グループでかっこいい技、おもしろい技を一つ選んで発表する。

○発表された技のまねをする
- 教師が子どもに身に付けさせたい動きを選んで、まねをしてみる。

●体育館の場合
ターザンロープ（スイング感覚）
※からだを振る感覚

- からだ全体を使って大きな振りにしてみよう。
- どこまで上に登れるかな？
※1つおきに使わせるとぶつからない。

★ろくぼく（腕支持感覚、逆さ感覚）
※腕で自分のからだを支える感覚
※逆さま姿勢でいろいろな動きができる

- 片手だけでぶら下がれるかな？
- 手を床について、逆さまにもなれるといいね。

跳び箱（踏み切り感覚、腕支持）
※片足や両足に重心をのせて踏み切る感覚

- 両足同時にふみ切れるかな？
- 腕で自分のからだをしっかり支えるといいよ。

第2章 小学校低学年体育の授業プラン

★舞台おり（空中感覚、着地感覚）
※空中でバランスをとる感覚
※安全にやわらかく着地する感覚

・いろいろなポーズでおりよう。
・おりた時ピタッと止まれるといいよ。

★平均台（バランス感覚）
※重心の意識・姿勢の安定

・真ん中でひと回りできるんだね。
・片足で立てるかな？

・上を歩くだけじゃなくて手をついて横に跳び越すこともできるよ。連続してできるかな？

跳び上がり（踏み切り）

・右足、左足、両足ジャンプといろいろやってごらん。

●校庭の場合
★ジャングルジム（腕支持、バランス、逆さ感覚）

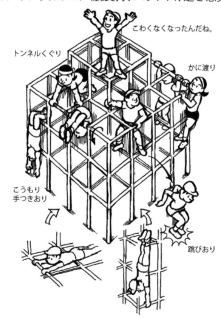

うんてい（スイング、バランス）

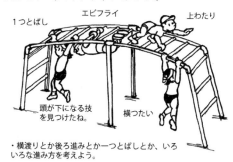

・横渡りとか後ろ進みとか一つとばしとか、いろいろな進み方を考えよう。

★登り棒（腕支持、逆さ感覚）
・足の裏で棒を押えるとうまく登れるよ。

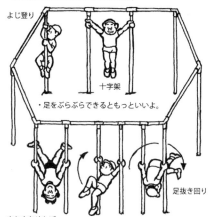

・足をぶらぶらできるともっといいよ。
・からだを伸ばすようにするといいよ。

器械・器具を使っての運動遊び

タイヤ（踏み切り、腕支持）

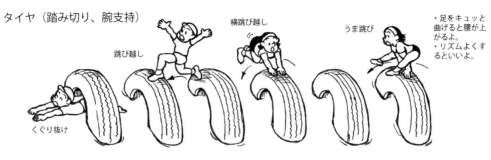

鉄棒（腕支持、逆さ、スイング）

・ブラブラできるともっといいよ。

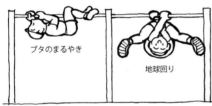

・いろいろなぶら下がり方ができるといいよ。

★ケンパー跳び（踏み切り）

・とぎれないで跳べるといいよ。
・右足からでも左足からでもできるといいね。

スラローム（スピードコントロール）
※スピードやリズムを自由に制御できる

・なめらかにとおりぬけられるといいよ。
・今度は左回りからやってごらん。
・今度はコーンをぐるっと回りながらやってごらん。

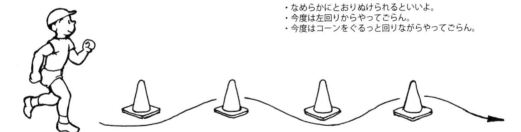

V．評価（達成目標）

〈できる〉
・友だちの動きをよく見てまねすることができる。
・基礎的運動感覚を身に付ける。
・★印がついている技ができているかを評価する。

〈わかる〉
・友だちの動きの特徴がわかる。

〈かかわる〉
・約束を守って、グループで電車ごっこを行うことができる。
・動きをまねする時に、どうすればよいかを相談できる。

51

第2章　小学校低学年体育の授業プラン

跳び箱遊び

Ⅰ．教材について

1．身につけさせたい運動感覚

　跳び箱運動の技の追求や技ができるようになるための技術分析のやり方を学ぶのは、中学年になってからでよいだろう。このため、低学年では、踏み切って体を浮き上がらせる面白さや手を着いて跳び越えるという面白さを存分に味わわせながら、跳び箱運動に必要な基礎的な感覚を身につけさせたい。

　跳び箱運動の面白さであると同時に、跳び箱運動に必要な運動感覚や体の動かし方はいろいろあるが、その中でも次の四つは必ず身につけさせておきたい。

①足—手—足と着く順序性

　跳び箱運動の特徴は、両足で踏み切り、両手で腕支持して跳び越え、両足で着地するという手足の順序性である。手—足—手と着く順序性がリズムよくできるように楽しみながら取り組ませたい。

　特に助走から両足で踏み切るという動作は、運動経験の少ない子にとってはとても難しい運動になる。足の踏み切りケンケンパの動作をいろいろ変化させていくことに取り組ませながら、助走からの両足踏み切りという動きづくりをさせていくとよい。

②空中姿勢

　跳び箱を跳び越せたかどうか、という「跳び箱＝障害物」という見方ではなく、跳び箱を上手く利用して空間を自由に支配するという見方をさせていきたい。そのために、空中姿勢の創作をさせて、動きの難しさや、大きさ、美しさに目を向けさせるとよい。

③肩が前に出る感覚

　切り返し系の跳び方である「開脚跳び」や「かかえ込み跳び」ができるようになる一番の技術ポイントは、着手位置より肩が前に出ることである。そのために、まずは跳び乗り遊びに取り組ませる中で肩を前にぐっと出す感覚を身につけさせたい。

　つぎに「横跳び越し」で、肩が着手位置の上に乗ってくる感覚をつかませる。横跳び越しは、重心を移動するときに切り返さないため、跳び箱の技の中では比較的短時間で跳べるようになる技である。しかも、ただ跳び越えて終わりではなく、腰を高くして跳ぶことを追求できる技なのである。

　腰を高く上げようとしていくと、着手した手の上に腰が乗るような感覚が必要になってくる。その感覚をつかんでいくときに、肩が着手位置より前に出るようになる。

　このため、横跳び越し→開脚跳びという流れで教えることによって、すべての子どもたちに跳び箱運動の基礎的技術を教えることができる。

④安定した着地

　跳び箱運動の技の最後の場面が着地である。安全に着地するだけでなく、ぴたっと止まることの心地よさに気づかせたい。

　スピードや高さに対応して膝を曲げて柔らかく「音がしない」着地を目指させると、楽

しみながら安定した着地技術を身につけてい
くことができる。

2.「まねる」ことを勧める

　学習を進める中で、取り組ませたい動きを
モデルの子どもにやってもらい、まねをさせ
るように指導していく。「まねる」ためには、
友だちの動きをよく見なければならない。よ
く見ることで、運動全体のイメージをとらえ、
まねることができるようになる。よく見るこ
とは、中・高学年における技の分析へと発展
するので、大切にしたい学び方なのである。
　また、友だちの動きの良いところを発見し
たり、それをみんなでまねたりすることは、
グループ学習の始まりでもある。お互いの違
いや良さを認め合うことで、技能差を超えて
ともに上手くなることの大切さを実感できる
子どもたちに育てていきたい。

II．ねらい

〈できる〉
・助走から両足踏み切りができる。
・腕を押し放して、跳び乗ることができる。
・腕を支点として、体重移動ができる。
・空中でいろいろな姿勢をすることができ
　る。
・安定した着地ができる。
〈わかる〉
・友だちの動きとの違いがわかる。
・安定した着地の仕方がわかる。
〈かかわる〉
・できるようになるためのこつを探すことが
　できる。
・友だちの良いところを探そうとすることが
　できる。

III．全体計画

【1年生の全体計画】

	跳び乗り跳び下り	横跳び越し	
	1，2	3〜5	6
ねらい	・跳び箱に乗ったり、跳び下りたりしよう	・跳び箱を跳び越えてみよう	発表会
内容	①ねこちゃん体操 ②跳び乗り ・片足踏み切りで ・両足踏み切りで ・両手を着いて ③跳び箱から跳び下りよう ・転ばずに下りよう ・遠くに跳ぼう ・高く跳ぼう ④跳び下りるときのポーズの発明 ・発明した跳び下り方を紹介しよう ・友達の跳び下り方をまねしよう	①ねこちゃん体操 ②横跳び越し ・踏み切り板の位置をずらして ・踏み切り板を元の位置に戻して ・3歩助走をして横跳び越しをしてみる ③グループ学習 「上手な子はどこが違うのだろう」 ・両足で踏み切っている ・手を着くところを見て跳んでいる ④発表会の練習	跳び下りるときポーズや横跳び越しを発表しよう

【2年生の全体計画】

	跳び乗り跳び下り	跳び方集め	
	1，2	3〜7	8
ねらい	・安定した着地の仕方を考えよう	・跳び越え方を考えよう	発表会
内容	①ねこちゃん体操 ②跳び乗り、跳び下り ③安定した着地 「跳び箱から跳び下りて、ピタッと止まるには、どうしたらよいだろうか」 ・グループごとに試したり、相談したりして、安定した着地の方法を見つける	①ねこちゃん体操 ②いろいろな跳び方に挑戦する （3〜4時間目） 「横跳び越し」や「開脚跳び越し」（5時間目） 「開脚跳び越し」や「かかえ込み跳び」（6時間目） 「台上前転」その他（7時間目） 「発表会の練習」 ③グループ練習 ・友達の上手になったところを言う	できるようになった跳び方を発表しよう

53

第２章　小学校低学年体育の授業プラン

Ⅳ．学習内容の発展過程

①跳び乗り（両足踏み切りひざ乗り）

・手は「パー」で着く　・ひざを胸にキュッと引きつける　・肩をグッと前に出す

②腕支持跳び乗り（跳び乗った足の位置が着手位置より後ろ）

③腕支持跳び乗り（跳び乗った足の位置が着手位置より前）

・手でしっかりからだを支える　・ひざを胸にキュッと引きつける

④跳び降り（安定した着地）

・手を着いたら顔を上げる　・手を早く突き放して浮く　・手を着いたところより前に着地する

・ひざを柔らかく曲げて着地する

⑤跳び降り（空中姿勢の創作）

　　大の字とび　　　　　足かかえとび　　　　手たたきとび　　　　1/2 ひねりとび

⑥跳び方集め（跳び方を考えさせ、発表させてもよい）

※子どもたちが技の名前を考えてよい。つくり出した子の名前にするなど（○○ちゃんとび）

　足ひらきとび（開脚跳び）　　　　　　　　足とじとび（閉脚跳び）

　足まわしとび（横跳び越し）　　　　　　　跳び箱前まわりとび（台上前転）

V．授業プラン

1．第2回目「跳び乗り遊び」

（1）本時のねらい
- 両足踏み切りから腕支持して、跳び箱に足の裏で乗ることができる
- 跳び箱に乗った時の足の位置の違いがわかる。

（2）本時の流れ
①準備運動
　ねこちゃん体操を行う（詳細は、p.30）。
②学習課題
「跳び箱に両手を着いて、跳び乗ろう」
③ためしの運動
　グループごとに縦置きの跳び箱に乗る。この時、最初は助走をしない。
〈つまずき例〉

×踏み切り板で歩いてしまう

〈観察させたいところ〉
　助走なしの両足踏み切りができてから、1歩下がって1歩助走でケングー跳びができていることを観察させる。
☆ケングー跳び

☆1歩助走

④グループ学習
「両手を着いて跳び乗ったときの足の着く位置を比べよう」
【ポイント1】
　正座乗りをしている子と足の裏で乗っている子を発見させる。
☆膝で乗る

☆足の裏で乗る

「跳び箱の前方に手を着けるかな」

【ポイント2】
　手を着いた位置より前に足を着いている子はどこが違うか、違いを見つけさせる。
- 強く踏み切っている。
- 腰が高く上がっている。
☆発見したことをホワイトボードなどにまとめる。
⑤グループ練習
　グループを見て回り、子どもたちの技能の高まりを具体的に評価した声かけをする。
⑥学習のまとめ
- 友だちが上手になったところを発表し合う。
- 助走からの両足踏み切りがリズムよくできるとよい。
- 手を着く位置を前にして、跳び箱の前方に着地することを目指すとよい。

2．3～4回目の授業例「ひねり横跳び越し」（回転系横跳び越し）

（1）本時のねらい
・横跳び越しができる。

（2）本時の流れ
①準備運動

　ねこちゃん体操を行う（詳細は、p.30）。

②学習課題

「横跳び越しをしよう」

③ためしの運動

◎跳び箱に手を着いて、跳び箱の向こう側に着地する。

〈助走の方向と踏み切り板の置き方の手順〉

【第1段階】

　斜めから助走し、足が跳び箱の横を通るように、手は跳び箱の手前に着く。跳び箱の左右両方を試して、やりやすい方を見つける。

【第2段階】

　腰が上がってきたら、跳び箱の真ん中あたりに手を着いて跳ぶ。

【第3段階】

　跳び箱より足が高く上がっていれば、真っ直ぐの方向から助走し、跳び箱を跳び越える。

怖かったら、跳び箱の上に足を着いて乗って良いことを伝えておく。

④グループ学習

「上手に跳べている子は、どこを見て跳んでいるだろう？」

〈観察させるポイント〉

　腰が上がっている子は、跳び箱に着いている手のところを見て跳んでいる。

　腰が上がっていない子は、着地するマットの方を見ている。

⑤グループ練習

「視点」や「腰の高さ」について教え合っているグループをほめる。子どもたちの技能の高まりを具体的にほめる声かけをする。

⑥学習のまとめ

・発見した上手になるためのポイントを発表し合う。

3．5〜6回目「前向き横跳び越し」
（反転系横跳び越し）

（1）本時のねらい
・「前向き着地」の横跳び越しをするためのポイントがわかり、できる。

（2）本時の流れ
①準備運動
　ねこちゃん体操を行う（詳細は、p.30）。
②学習課題
「横跳び越しで、前向きに着地するには、どうしたらよいだろうか」
③ためしの運動
　横跳び越しで「前向き着地」を試してみる。
〈つまずき例〉
・後ろ向きのひねり横跳び越しになってしまう。
④グループ学習
〈グループごとに観察・発見〉
・視線を着地するマットへ向けると、前向き着地ができやすい。
・はじめは足を開いて着地すると、前向きで止まりやすい。
・着地する時に、手を広げてバランスをとる。
・着地する時に、膝を曲げる。
☆子どもたちの発見をホワイトボードなどに記録する。

⑤グループ練習
　前向き着地ができるように教え合いをしているグループをほめてクラス全体に紹介。

【チャレンジ課題】
☆前向き横跳び越しで「まっすぐ」跳べるようになろう。

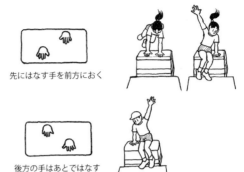

先にはなす手を前方におく

後方の手はあとではなす

⑥学習のまとめ

Ⅵ．評価

〈できる〉
・助走から両足で踏み切ることができる。
・両足踏み切りから、足の裏で跳び箱に乗ることができる。
・ひねり横跳び越しができる。
・前向き横跳び越しができる。

〈わかる〉
・友だちの動きをまねするためのポイントをアドバイスすることができる。
・横跳び越しで腰を高く上げるには、手を着くところを見なければならないことがわかる。
・前向き横跳び越しで、前向きに着地するためには、着地するマットを見るとよいことがわかる。

〈かかわる〉
・友だちの動きをまねするために、教え合うことができる。
・手の着く場所やどこを見て跳んだらよいか教えることができる。

水遊び

I. 教材について

　水の中は、神秘的で豊かな世界だ。低学年の子どもたちにとって、この未知の世界で自由に動き水の豊かさを味わうことは、自分のからだや運動そのものを意識することになる。

　はじめて水遊びの学習をする子どもたちには、いろいろな泳法を習得する以前に身につけさせるべき大切な内容として、次の三つがある。

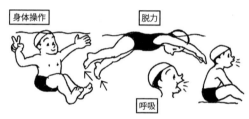

①呼吸

　水中で安全を確保し、子ども自身が安心感をもって泳ぎを学ぶためには、呼吸の学習が第一となる。

②脱力

　水中で自分のからだや周りの状況をわかって運動を行うためには、脱力（リラックス）することが必要となる。脱力ができているかを見極めないで学習を進めると、泳法取得の段階で大きくつまずいてしまう。精神的に安心して、リラックスできるよう留意しながら、楽しく学習する工夫をしたい。

③身体操作

　陸上での運動より軽い負荷で動くことができる反面、浮力や抵抗を感じる水中での運動は、身体操作するためにより多くの感覚が必要となる。五感を使い、水の感触を十分に味わいながら自由に動けるからだを育てたい。

II. ねらい

〈できる〉
・水中で脱力して自由に身体操作ができる。
・水上に顔を出して、一気に息を「はく・吸う」呼吸法ができる。
・斜めの浮き姿勢での呼吸が、5回以上安定してできる。

〈わかる〉
・「はく・吸う」呼吸の仕方がわかる。
・自分の体が浮くという感じがわかる。

〈かかわる〉
・2～4人のグループで、遊びを考えたり、友だちの動きを観察することができる。
・グループでお話や音楽に合わせて動きをつくることができる。

III. 学習の進め方（全体計画）

1. バタ足から導入しない

　水泳学習では、スピードを競う「競泳」だけを目標としているわけではない。無駄な力を使わずに長く泳ぐことをめざしているためである。バタ足からの指導法は、脱力とは逆の強い緊張状態となり、呼吸・腕のかきや伏し浮き姿勢など自分のからだを意識することができない。

2.「泳げる」とは

「泳げる」ということを「浮いて」「呼吸して」「進む（水中を自由に動く）」ことと捉えて学習を進めていく。このため「面かぶりクロール」でいくら進んでも、呼吸ができない限り、息の続くところまでしか進むことができずに終わるため、「泳げる」とはいえない。

3.「ドル平」泳法

基礎泳法である「ドル平」泳法を中心に指導をする。ドル平泳法は、泳げない子どもの事実から研究開発されたもので、手は平泳ぎ・足はドルフィンキックに似ていることから「ドル平泳法」と、子どもたちに命名された。「ドル平」泳法は、すべての泳ぎに共通する技術内容をもつ基礎泳法なので、ドル平

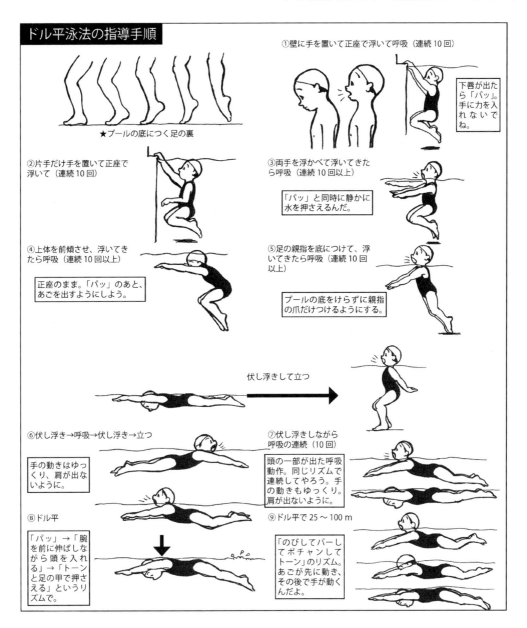

泳法で楽に長く泳げるようになると、いろいろな泳法に発展させることができる。

低学年の発達段階では、まず呼吸の学習をしっかり行う。呼吸は、水面上で口から「まとめてパッとはく・吸う」ことが第一段階である。

4．低学年はたっぷりの水遊び

呼吸を意識させながら、たくさんの水遊びをさせることが大切である。ペアやグループで水遊びを考えさせることも、水慣れの段階では重要な活動である。なお、顔を水に付けられない子どもも一定数いることから、年度初めに保護者に、頭からシャワーをかけることができるようにお願いしておくことも大切になる。

5．グループ学習

低学年でも、グループの仲間で遊びや動きを考えたり、ペアの友だちの動きを見て様子を伝えたりすることはできる。

6．指導時間の組み方

ここでは学年全体での授業を2時間1単位として、4～5回行える学習計画を立てている。複数学年で学習する場合、兄弟グループによる学習が有効である。

Ⅳ．全体の流れ

ドル平を学習する段階を中学年、いろいろな泳法を学習する段階を高学年とし、低学年では「リラックスした状態で水中に身を任せ、いろいろな体勢になれる」→「しっかりと呼吸ができる」→「からだを伸ばし、斜めの姿勢で何回も呼吸ができる」に重点を置く。また、浮くことのできない子どもにとっては、足をプールの底から離すことが恐い。このため、呼吸練習の中で少しずつ浮けるようにする必要がある。

【1年生の全体計画例】

	水慣れ・水遊び	動物歩き・歌声シンクロ
	1, 2, 3, 4	5, 6, 7, 8 (9, 10)
ねらい	○水の中で歩いたり、ジャンプしたり、立つことができる。 ○顔に水がかかったら、パッと息をはくことができる。 ○お話に合わせて動物歩きができる。 ○みんなでいろいろな水遊びをし、自分たちで遊びを考えることができる。 「パッ」の呼吸	○動物歩きをしながら、顔に水をつけることができる。 ○垂直方向にからだを沈め、水上に顔が出たらパッと息を吐き、また顔を水につけることができる。 ○いろいろな動きを組み合わせて、歌に合わせて、グループで動きを考えることができる。 顔をつけてから呼吸

水遊び

| 内容 | ①呼吸の仕方を練習する。
　　教室で。プールサイドで。
　　息こらえ。一気にはく。
　　顔の前に手を当てて。
　　シャワーの下で。
②水に慣れる遊びをする。
　　ジャンプ。歩く。
③動物歩きをする。
　　アヒルのさんぽ。
④ペアで考えた水遊びをする。
　　なべなべ底抜け・まねっこごっこ・汽車ぽっぽ。
★外部情報をキャッチするために、視覚は重要。そのためには、教具としてゴーグルを着用する（恐怖感がある場合には、耳栓・鼻栓も）。入門期では、水着の着脱練習とともにゴーグルのサイズの調整や付け方の練習も家庭にお願いしておく。 | ①動物歩きをする。
　「アヒルのさんぽ」→足の裏がプールの底に着いている状態。
②垂直方向に体を沈める。
　口まで水につけてから、水上に出たらパッ。鼻まで。目の下まで。目の上まで。耳まで。頭全部。
③グループで考えて水遊びをする。
　だるまさんがころんだ・じゃんけんリレー・じゃんけん汽車ぽっぽ・もぐり鬼ごっこ・宝探し
④歌声シンクロをつくる
　♪チューリップ♪ぞうさんなど
★それぞれの段階でできるようになったことを使って動く。それが次の段階へのきっかけとなっている。
★同じような活動が何回も出てくるが、先を急がず、みんなが確実にできているかをしっかり見極めることが大事。（脱力・呼吸） |

【2年生の全体計画例】

	呼吸・歌声シンクロ	呼吸・浮く感じをつかむ
	1, 2, 3, 4	5, 6, 7, 8,（9, 10）
ねらい	○正座の姿勢でもぐり、下唇が水上に出たら呼吸をする。（繰り返し） ○グループでもぐる技を入れたシンクロをつくることができる。 正座で呼吸	○体を少し前傾させた姿勢でもぐり、浮かんできたらあごを突き出して呼吸をする。（ななめ浮き） ○グループで、歌に合わせいろいろな技を入れたシンクロを作る。 ななめ姿勢で呼吸
内容	①正座の姿勢でからだを沈め、浮かんできたら、手でプールサイドを押さえ下唇まで水上に出し、呼吸をする。 ・足の裏は…プールの底→前半分が着く→背伸び→つま先立ち→正座 ・壁につかまって→片手を離して→両手を離して ・回数を徐々に増やす。 （1回→3回→5回→10回→何回でも） ★呼吸・脱力をしっかり確認できていない子はもう一度前の段階に立ち返り復習させる。 ②水遊びを考えて、みんなでする。 　宝探し・シーソー・ネコとネズミ・手つなぎ鬼・子とり鬼・輪くぐり等 ③動物歩き・歌声シンクロ ・「しろくまのさんぽ」「かばのさんぽ」 ・頭ももぐらせ、下唇が水上に出たら呼吸する。	①動物歩き ・「あざらしのさんぽ」→足の甲がプールの底 ・「しろくまの昼寝」→ななめ浮き ②正座のままからだを前傾させて。からだが浮かんできたら、手で水をおさえ、あごを押し出すようにしながら呼吸する。 ・足の甲がプールの底。足の親指のつめをプールの底にひきずる感じ。 ★姿勢を安定させるためには、ゆっくりと脱力して行うことが大事。 ③歌声シンクロ ♪「チューリップ」「たんぽぽひらいた」等 ・もぐり技も入れて。 ・ななめ浮きも入れて。 ・大きな位置移動も入れて。 ★2学年合同縦割りグループによる学習も考えられる。 ④顔をプールの底に向けて伏し浮きし、そこから顔を上げて呼吸する。（発展）

61

Ⅴ．1年生の授業

1．第1回目「並び方、シャワーの浴び方、水への入り方、水遊び」

（1）本時のねらい
①並び方、ペアの組み方がわかる。
②呼吸の仕方がわかる。
③水の感触を知る。

（2）本時の流れ
①プールサイドに並ぶ
　1年生のうちは水深を考慮し、背の順に並びペアを組ませる。浅い方を向かせ指示する。
②呼吸の仕方を確かめる
　教室で、水泳の始まる前から学習しておく（息をこらえて一気に吐く）。シャワーでの呼吸の練習（水をかぶっている時は口を閉じ、時々シャワーから顔を外し、パッと息を吐く）。

③水に入る

　激しい水かけやプールサイドに座ってのバタ足はやらない。いつでも音を立てずにそっとゆっくり行う。壁につかまって垂直方向に肩まで入る。立ってパッ。壁につかまってジャンプ。手を離して、回れ右（反対周りも）。いろいろなポーズで回れ右。壁につかまって口まで入れる。口が出たらパッ。鼻まで。目まで。頭まで（子どものできる範囲で）。この段階では、安心感の強い立った姿勢での上下運動をする。斜めになると不安定なので、頭頂部とおしりとかかとが一直線になるように練習させるとよい。

　※「かかとの上におしりを乗せよう」

④歩く
　壁づたいに。手をつないで。汽車ポッポで。一人で。いろんなところに。たくさんの友達と握手をする。ペアをさがす。

⑤ペアで水遊びを考える
　例：じゃんけん（水上・水中など）。じゃんけんしたあと、勝ったらもぐる・ジャンプなど。
⑥考えた遊びを発表する
　全体を半分に分け、一斉に発表。見る人はプールの壁に背中をつけて。
⑦まとめ（シャワーでパッを確かめる）

2．第2回目「アヒルのさんぽ」

（1）本時のねらい
①口が水上に出たら、顔の水を吹き飛ばすような呼吸ができる。
②垂直方向に体を沈めることができる。
③立つことができる。
④ペア・グループでお話し水泳や水遊びをする。

（2）本時の流れ

①水に入るまでは前時と同じ

　壁につかまって縦方向に体を沈める。ジャンプ。肩まで。口まで。鼻まで。浮かんで口が水上に出たらパッ。壁につかまっている手で無理やり体を引き上げないよう注意。肩まで体を上げないことをこの時点でしっかり徹底する。

②歩く

　壁づたいに。汽車ポッポで。ペアと一緒に。お話に合わせて歩く。

「ガアガアガアガアあひるのさんぽ。…ん…パッ！」のペアの人の声に合わせて歩こう。手はからだ側。肩まで浸かって。ん…の時にもぐれるところまでもぐってみる。ペアで、「肩まで入っているか。パッの時思い切り立ち上がっていないか」を観察し合う。

③立つ

　腕をからだの後ろにぐいっとかいて、足を体の前までもっていき立つ。何回も続けて。

ひざをむねに引きつける

ここで、体がプールの底より離れる感じを体験させる。言葉で確認させる。「足やおしりがふわっとしたね」

④ペアでいろいろな遊びを考える

⑤発表する
⑥まとめ

3．第3回目「もぐる、呼吸する」

（1）本時のねらい

①体を垂直方向に頭までもぐらせることができる。
②一気に息を吐く呼吸ができる。
③グループで遊びを考えることができる（ペアからグループへ）。

（2）本時の流れ

①水に入るまでは前時までと同じ
②水中を歩く

「アヒルのさんぽ」ペアで声をかけあって。目まで。耳まで頭まで。徐々に課題を高めていく。

③グループで遊びを考える

ペアからグループへと人数を増やす。

④まとめ

壁につかまり、浮かんできたら手でプールサイドを軽く押さえて口まで体を上げ、パッの呼吸をする（足裏全体が、プールの底から徐々に上がっていき、つま先立ちになる）。

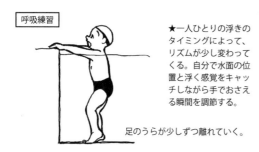

頭までもぐらせることを急がない。

水面が自分のどこにあるかを目で見て確認することを徹底する。

水中で目を開ける。☆ゴーグルを使用

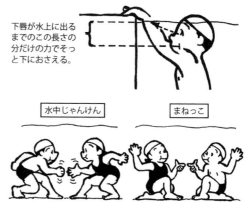

4．第4回目「もぐって呼吸」

（1）本時のねらい

①壁につかまってもぐり、正座の姿勢で何回か呼吸ができる。

②グループで歌に合わせた動きを考え動くことができる。

（2）本時の流れ

①水に入るまでは前時までと同じ

②全員でいろいろな水遊び（ネコとネズミなど）

③歌声シンクロ

モデルを提示する。開いたり、集まったり、ジャンプ、もぐる、浮かぶ、回る。

グループで歌に合わせてもぐったりする動きをつくる（ドングリころころなど）。

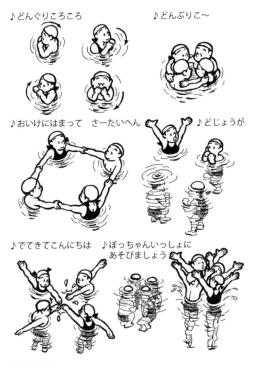

④まとめ

1年生の間は、とにかく「水上でパッと息を吐き・吸う」呼吸ができればよい。そして、歌声シンクロや遊びの中で、もぐれるようになるのを待つことが大切。

VI．2年生の授業

1．第1回目「もぐって浮かんで呼吸・お話水泳・歌声シンクロ」

（1）本時のねらい

①壁につかまらずにまっすぐ下に正座の姿勢でもぐり、下唇が水上から出たらパッと息を吐く・吸う。

②グループで歌に合わせて動きをつくる。

（2）本時の流れ

①全員でいろいろな水遊び

ジャンケンリレー、ボール送り、ネコとネズミ、宝探しなど。

②水の中で呼吸の練習

壁につかまって、まっすぐ下にからだを沈める。肩→口→鼻→目→耳→頭と徐々に沈む。口が水上に出たら「パッとまとめて吐き・吸う」。

③お話水泳「シロクマの散歩」

ペアの人が横について言ってあげる。

ペアの手にサポートする子の手を置き、上体を前に少し倒す感覚をつかむ。

「のしのしのし、しろくまさんがこんにちはパッ！」

④グループで歌声シンクロ（チューリップ）

「チューリップ」の歌に合わせて動きをつくる。

1年生の時より少し長い曲になるので、大きな位置移動・大きな技（もぐる、ジャンプなど）・ななめ浮きなどを入れられるように助言する。

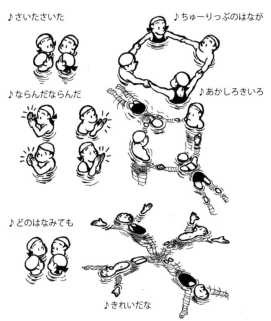

⑤まとめ

からだを沈め、浮かんできたら「手で水を下に押さえる」「パッとまとめて吐き・吸う」。

2．第2回目「もぐって呼吸（足の甲がプールの底、ひざを伸ばす）・お話水泳・歌声シンクロ」

（1）本時のねらい

①壁につかまらずにまっすぐ下にもぐり、口が水上に出たら「パッとまとめて吐き・吸う」。だんだんとひざを伸ばす。
②グループでお話水泳や歌声シンクロをする。
③学習したことをカードに記入する。

（2）本時の流れ
①いろいろな水遊び

だるまさんがころんだ、手つなぎフラフープ送り、手つなぎ鬼、人間トンネルくぐり。

②水の中の呼吸練習

もぐる→口が水上に出たら「パッとまとめて吐き・吸う」。

★垂直方向でも、からだは浮かんでくる。このタイミングをつかみ、手で水を押さえる。

「パッ」の時に静かに水を押さえるんだ。

③お話水泳「アザラシのさんぽ」

「すいすいすいすいアザラシさんがこんにちはパッ」

★足の甲がプールの底につく感覚、膝も伸び水平に近い姿勢になる感覚を知る。

④歌声シンクロ「チューリップ」

　もぐる技を入れてシンクロをつくる。移動の仕方を工夫する。発表では「見てほしいところ」をみんなに言ってから発表。

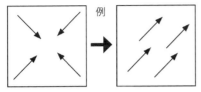

⑤まとめ

　浮いて「パッとまとめて吐き・吸う」ことができた子を全体に紹介する。

3．第3回目「伏し浮き姿勢での呼吸」

（1）本時のねらい

①伏し浮き姿勢から「パッとまとめて吐き・吸う」ことが5回以上できる。
②友達の動きを観察し、カードに書く。

（2）本時の流れ

①全員で水遊び

　ドンじゃんけんぽん、汽車ぽっぽなどで遊ぶ。

ドンじゃんけんぽん　★たてにゆるくコースロープをはると難易度が上がる（くぐったり、イルカでとびこえたり）。

汽車ぽっぽ・競争　★浮かばせたボールにさわらないようにするなどのルールもおもしろい。

②水の中の呼吸練習

　もぐる→口が水上に出たら「パッとまとめて吐き・吸う」。

★手で引き上げない。★口より上までからだを上げない。
★あわててやらない。

③お話水泳

「のしのしシロクマさんがおひるねパッ、ポチャン、ハイポーズ」というお話に合わせて、「ななめ浮き」から「手をかいてパッとまとめて吐き・吸う」。

ポイントは、呼吸した後に沈んだからだが「浮くまでがまん」すること。

④まとめ
・ななめ浮き→「パッとまとめて吐き・吸う」ことができた子を紹介する。
・伏し浮き→「パッとまとめて吐き・吸う」ことができた子を紹介する。

4．4回目「前傾姿勢からあごを出して呼吸・伏し浮きからあごを出して呼吸し、また伏し浮き姿勢に戻る」

（1）本時のねらい
①あごの出し方に気を付けて前傾姿勢での呼吸ができる（5回以上）。
②伏し浮きからの呼吸ができる（5回〜10回以上）。

（2）本時の流れ
①ななめ姿勢からの呼吸「パッとまとめて吐き・吸う」をする

★足は親指の爪をプールの底につけて引きずるようにして、動かさない。沈んでも浮かんでくるまで待つ。
★あごをにゅうっと上げてから呼吸をする。水面の位置を確認しながら。
★呼吸の後、遠くの方に頭を落とすようにし、首を脱力する。（プールの底を見るように助言→自然に水平姿勢になる）

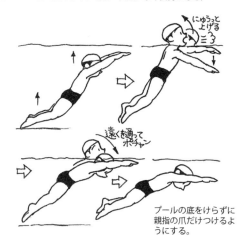

②伏し姿勢からの呼吸
お話に合わせ「伏し浮き・呼吸（パッとまとめて吐き・吸う）−沈む・浮く」の連続
ポイントは、呼吸した後に沈んだからだが「浮くまでがまん」すること。

③首の動きだけの練習（四股立ちで）
すべてゆっくりと行う。顔をそっと上げて呼吸「パッとまとめて吐き・吸う」。

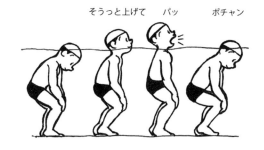

④まとめ
・今までできるようになった泳ぎを使って、グループシンクロをつくる。
・鉄腕アトムなどの歌に合わせてグループシンクロつくり。

Ⅶ．発展学習

1．いろいろな浮き方を考える。

特に「変身浮き」をつくるとよい。

水遊び

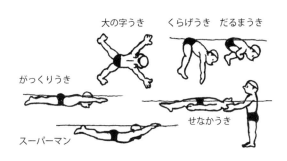

2．伏し姿勢・呼吸の連続（5回〜10回）

- 「伏し浮き・呼吸（パッとまとめて吐き・吸う）―沈む・浮く」の連続。
  イチ、ニイ、サーン・パッ―浮くまでがまん―イチ、ニイ、サーン・パッ
- ポイントは、呼吸した後に沈んだからだが「浮くまでがまん」すること。

- 足がだんだん沈んできたら、水底を軽く蹴って浮く。（3回→5回→10回）

VIII．評価（ねらい達成のイメージ）

〈できる〉
- 脱力したリラックス状態で、もぐったり浮くことができる。
- 手をかいて呼吸（パッとまとめて吐き・吸う）ができる。
- 伏し浮き・呼吸（パッとまとめて吐き・吸う）―沈む・浮くの連続5回以上ができる。

〈わかる〉
- 呼吸（パッとまとめて吐き・吸う）の仕方がわかる。
- 自分の浮きやすい姿勢がわかる。

〈かかわる〉
- グループで遊びをつくったり、シンクロ水泳を工夫してつくることができる。
- 「伏し浮き・呼吸―沈む・浮く（連続5回以上）」ができるために、グループで教え合い・学び合うことができる。

IX．学習カード例

教室にもどって、記入する。

第2章　小学校低学年体育の授業プラン

走跳の運動遊び

Ⅰ．教材について

　低中学年は、プレ・ゴールデンエイジと呼ばれる時期に当たり、発達面から考えてとても大事な時期である。特に7〜9歳にかけては、神経系の発達が盛んで、いろいろな動きの基本作りや身体の動きを上手にコントロールしながら敏捷に動くことのできる能力をつけることがとても大切である。

　そこで低学年では、リズムの変化を含んだスピードコントロールの面白さを自由に盛り込むことのできる「平面の障害走」を教材として選んだ。コースは、幅40cmで直線だけでなく、大きなカーブや小さなカーブ、ループを設定する。トラックのコースと同じ左カーブだけでなく、右カーブも経験させることは、発達の未分化な低学年にとって重要なことである。また、学校によっては、芝生や高跳び用のセーフティマット、砂場、坂道などを経由するコースの設定も考えられる。

　走る中で次々と変わる環境条件は、神経系の発達だけでなく、子どもたちの楽しさも刺激するだろう。「平面の障害走」に夢中になって走る中で、多様な走る感覚を養うことができるようにした。

　カーブを走るときには、内側に体を傾けたり、外側の腕を大きく振ってバランスをとったりするなど姿勢のコントロールが必要となる。また、直線ではストライドを広げ、カーブではストライドを狭くしてピッチを上げる

というようにスピードコントロールをする必要がある。さらに、砂場やセーフティマットなどの不安定な地面の上を走るときには、バランスをとって走る必要がある。「平面の障害走」は、このような感覚や動きを身につけさせるコース設定になっている。

　大きなカーブやループの部分は、直線を走るときのように全力で走ると、コースから大きくはみ出してしまう。しかし、はみ出さないように走ろうとすると、スピードが落ちてしまう。コースからはみ出さず、なおかつ速く走ることができるように、子どもたちが考えながら走ることで、多様な走る感覚を養うことができる。

　さらに、単元を通して授業の後半にリレーの時間を設定した。リレーを通して友達と競い合うことの楽しさを味わうことができるだけでなく、リレーで勝つために子どもたちが励まし合ったり、コースに課題意識をもち、解決したりすることをねらいとしている。

Ⅱ．ねらい

〈できる〉
・いろいろな環境条件のコースを走ることによって、走りのリズムやスピード、姿勢をコントロールしながら走ることができる。
・走る順番や走る距離を工夫することができる。

〈わかる〉
・「カーブでは内側に体を傾ける」、「カーブ

の外側の腕を大きく振るとバランスが取りやすくなる」、「カーブの手前では、小刻みに走ってスピードを落とす」など、走りをコントロールすることでコース内を速く走れるということがわかる。

〈学び合う〉
・友達の走りを観察することができる。
・グループ内で、一緒に走りながらコースの走り方を考えることができる。

Ⅲ．学習の進め方

「平面の障害走」（ぐねぐね走）は、校庭に幅40cmのレールのように細いくねくね道を描く。教師が何も言わなくても、走り出す子どもがいるほど「走ってみたい！」という欲求を刺激するコースである。さらに、実際に走ってみると、コースから外れないように走るのは、なかなか難しく、何度も走ってみたくなるコースになっている。横一列に並んで「よーい、どん」の合図で直線を走ることの多い子どもたちにとっては、とても魅力的なコースとなり、意欲的に学習に取り組むことができる。

また、かけっこ・リレーの学習では、競争を取り入れることで、学習の意欲を高めたり楽しさを広げたりすることができる。

ここでは、1年生で「リレー走・折り返しリレー走」、2年生で「ぐねぐね走」を行う学習計画を立てた。

1．陸上運動：鬼遊び

低学年の子どもたちにとって、鬼遊びはたいへん夢中になれる遊びの一つである。また、鬼から逃げようとする、鬼になって捕まえようとする動きは、全力疾走やストップ、瞬間的な方向転換など、子どもたちの走能力を自然と高めていくことにつながる。

1時間中鬼遊びをするというより、初めの10分くらい、準備運動として行うとよい。冬期に短時間で体を温めたいときにも、適している。どの鬼ごっこにするか、子どもたちの希望で決めたり、ルールについての話し合いの時間も設定したりすると、子どもたちが主体的に取り組める。

（1）手つなぎ鬼

「はじめは、先生が鬼になります。つかまえられた人は、先生と手をつないで鬼になります。3人までは手をつなぎますが、4人になったら2人ずつに分かれて鬼になります。逃げる人が最後の一人になるまで追いかけます」

逃げる範囲を制限することがポイント。

（2）大手つなぎ鬼

「手つなぎ鬼になれてきたので、大手つなぎ鬼をします。つかまった鬼は、分かれないでどんどん手をつないだまま多くなっていきます。逃げる人は、ふえた鬼のあみにひっかからないようにします」

体育館などでは、ラインを使って限られた範囲で行うと、楽しい鬼遊び。

第2章　小学校低学年体育の授業プラン

（3）色鬼
「鬼が『色』を決めて、みんなに聞こえる声で『色』をさけびます。鬼の言った色のものを探します。それにさわればつかまりません。鬼の言った『色』のものが見つからず、鬼につかまったら、鬼と交代します」
　鬼は、「色」を言ったらその場で10数えてから追いかける。そうしないと、だれかのそばで「色」を言うと、すぐ捕まえられてしまう。

（4）ドン・ジャンケン鬼
「2チームに分かれて、それぞれの陣地を決めます。陣地と陣地の間にコースを描きます。『よーい、ドン』で両方の陣地から一人ずつ、相手の陣地を目指して走り、出会ったところでジャンケンをします。勝った人はそのまま走り、負けたチームは、次の人がスタートします。負けた人は、自分の陣地に戻って1番後に並びます。これをくり返して、先に相手の陣地に着いたチームの勝ちになります」
　うずまき型・へび型・ジグザグ型など、コースの形に工夫ができて楽しい。

（5）宝島（Sケン）
「2チームに分かれて、それぞれの陣地に入ります。スタートの合図で、出口から出て行き、相手の陣地の宝を取りに行きます。自分の陣地の中と島では、両足をついて休んでいいです。その他は、ケンケンで動きます。自分の陣地の外で敵に押されて足をついたり、相手の陣地に入ったときに押し出されたりしたら、自分の陣地に戻ってやり直します。相

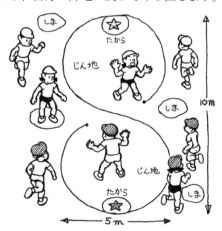

走跳の運動遊び

手の陣地の宝を取ったチームの勝ちになります」

宝は、帽子や紅白玉にするとよい。

2．陸上運動：ケンケン・スキップ走

　短距離走は、「片足ずつ前方に跳ぶ」という運動の連続であると言える。その際大切な「地面を踏みつけ、足裏でキックする」という感覚を身に付けることができる。片足だけに体重がかかったときに、足の裏や体全体でバランスをとることで、安定して走ることができるようになっていく。

①ケンケンケン（止まる）

3歩目でピタッと止まる（前・後・右・左）。

②ケンケン走

始めは高く、次第に前に速く進むようにさせる。

③スキップ走

真上に高く跳んだり前に速く進んだりさせる。

【1年生の全体計画】

	向かい合いタッチリレー	折り返し振り向きタッチリレー
	1, 2	3, 4, 5
ねらい	・チームを決め、向かい合いタッチリレーの方法を知る。 ・向かい合いタッチリレーを楽しみ、速くゴールする方法を考える。	・折り返し振り向きリレーの方法を知り、振り向きタッチの方法を工夫する。 ・振り向きタッチの方法を工夫して、リレーで速く走ることができる。 ・リードした振り向きタッチでリレーができる。
内容	●準備運動に、鬼ごっこをする。 ①チーム作りをする。（原則として生活班を使う。） ②向かい合いタッチの説明をする。 ③向かい合いタッチリレーをする。 ④タッチの方法を工夫して速く走れるように、グループで練習をする。 ⑤2回目の向かい合いタッチリレーをする。	●準備運動に、鬼ごっこをする。 ①折り返し振り向きタッチリレーの説明をする。 ②1回目の折り返し振り向きタッチリレーをする。 ③振り向きタッチを速くする方法をグループで考えて、練習をする。 ④2回目の折り返し振り向きタッチリレーをする。 ⑤リードした振り向きタッチができるように、グループで工夫しながら、練習をする。 ⑥3回目の折り返し振り向きタッチリレーをする。 ⑦リードした振り向きタッチリレーで速く走れるように、グループで教え合いながら練習をする。

第2章　小学校低学年体育の授業プラン

【2年生の全体計画】

	ぐねぐね追いかけっこ	ぐねぐね走リレー	まとめ
	1	2, 3, 4	5, 6
ねらい	・学習の進め方を知る。 ・追いかけっこをしながら、コースをはみ出さずに走る。 ・コースをはみ出さないようにするために気をつけることを考えて、追いかけっこをする。	・ぐねぐねコースを速く走る方法をグループで考えてリレーをする。 ・走順や走る距離をグループで考えてリレーをする。 ・グループで、コースの中で走りにくかったり、難しかったりする場所の走り方を考えて練習をする。	・学んだことを生かしてリレーができる。 ・2つのコースでぐねぐね走リレーをする。
内容	●準備運動にケンケンやスキップ走をする。 ①チーム作りをする。 ②ぐねぐね走の説明をする。 ③ぐねぐね走をする。 ④コース内の走り方を工夫して、速く走れるように練習する。 ⑤ぐねぐね追いかけっこをする。	●準備運動にケンケンやスキップ走をする。 ①ぐねぐね走リレーの説明をする。 ②その日のぐねぐねコースを走ってみる。 ③走りながら気が付いたこと・上手く走るコツなどをチームで共有する。 ④コースの課題や上手く走るコツを全体で共有する。 ⑤グループでぐねぐね走リレーの走順や走る距離を話し合う。 ⑥ぐねぐね走リレーをする。	●準備運動にケンケンやスキップ走をする。 ①今日のぐねぐね走のコースを走ってみる。 ②グループで作戦を立てる。（走順・走る距離・上手く走るコツなど） ③リレーをする。 ④新しいコースを走ってみる。 ⑤グループで作戦を立てる。 ⑥リレーをする。

Ⅳ．授業の流れ（1年生の例）

1．第1回目の授業例

チームは、原則として生活班をそのまま使うとよい。メンバーや人数に問題がある場合は、1回目でリレー用のチームを組む。

（1）本時のねらい
①チームを決め、向かい合いタッチリレーのやり方が分かる。
②向かい合いタッチリレーを楽しむことができる。

（2）本時の流れ
①片道15m〜20mの折り返しリレーのコースを生活班の数だけ作る。
②向かい合いタッチの説明をする。

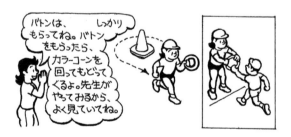

③試しのリレーをする。

④第1回目の向かい合いタッチリレーをする。2チーム対抗がよいが、時間や子どもたちの様子を見て、全チーム同時のリレーとしてもよい。

2．第2回目の授業例

（1）本時のねらい
①向かい合いタッチリレーを楽しむことができる。
②グループで速くゴールする方法を考え、タッチの方法を工夫することができる。

（2）本時の流れ
①向かい合いタッチの方法を思い出すために、班で練習のリレーをする。

②バトンタッチを速くする方法について、班でリレー練習をしたことを参考に話し合いをさせる。
　この段階では、「話し合い」自体ができればいいので、内容は的外れでもかまわない。
③全ての子に見えるように、「片手バトンタッチ」の方法を見せ、確認をする。
④第2回目の向かい合いタッチリレーをする。

3．第3回目の授業例

（1）本時のねらい
①振り向きタッチリレーのやり方が分かる。
②振り向きタッチリレーを楽しむことができる。

（2）本時の流れ
①片道15mから20mの折り返しリレーのコースを生活班の数だけ作る。
②振り向きタッチリレーの説明をする。

はじめは、両手でしっかりと受け取る子が多い。

③試しのリレーをする。

＊もとになるバトンタッチは両手わたし

④第1回目の折り返し振り向きタッチリレーをする。
　次回から列の後ろにコーンを置き、それを回ってくるコースを作ることにする。

4．第4回目の授業例

（1）本時のねらい
①振り向きタッチの方法を工夫して、リレーで速く走れるようにする。
②振り向きタッチリレーを楽しむことができる。

（2）本時の流れ
①向かい合いタッチの方法を思い出すため、班で練習のリレーをする。

②グループで考えた「振り向きタッチ」の方法を試す練習のリレーをする。

【指導のポイント】
　バトンタッチを速くするには、バトンを「リードしながら片手でもらえる」ようにするとよい。子どもたちのなかに必ずこのようなもらいかたをする子が出るので、見逃さずほめる。
③第2回目の折り返し振り向きタッチリレーをする。
　上手にバトンタッチができているグループを見せ、他の班のいいところから学び合うようにするとよい。

5．第5回目の授業例

（1）本時のねらい
①振り向きタッチの方法を工夫して、リレーで速く走れるようにする。
②振り向きタッチリレーを楽しむことができる。

（2）本時の流れ
①グループでリードした振り向きタッチができるように練習する。

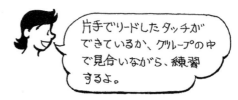

リードしながらの片手バトンタッチ

【指導のポイント】
　速くバトンタッチするためには、振り向きでリードしたバトンタッチができるとよい。リードするタイミングは、後のカラーコーンを前の人が回って「こっちに向かい始めたところ」とおさえるとよい。低学年では、このことを知識としてとらえさせるより、上手にリードしている子をできるだけ褒めて、「上手なリードと片手タッチ」をイメージとしてつかませたい。
②第3回目の折り返し振り向きタッチリレーをする。

6．第6回目の授業例

（1）本時のねらい
①リードした振り向きタッチリレーができる。
②振り向きタッチリレーを楽しむことができる。

（2）本時の流れ
①グループで、リードした片手での振り向きタッチの仕上げの練習をする。

②第4回目の振り向きタッチリレーをする。2チーム対抗形式にして、バトンタッチが上手になっているところを見せながらレースをする。
　時間や子どもたちの様子を見て、全チーム同時のレースとしてもよい。

【指導のポイント】
　中学年で学習する「スタートタイミング」を発見してのバトンタッチの技術を身に付けることは、低学年の子では難しい。振り向きバトンタッチで「リード」のことを意識していくうちに、後のカラーコーンを回ったところで間をとり、スタートを切る感じが少しずつ分かってくるとよい。

V．授業の流れ（2年生の例）

1．第1回目の授業例

（1）本時のねらい
①チームを決め、ぐねぐね走のやり方が分かる。
②ぐねぐね追いかけっこを楽しむことができる。

（2）本時の流れ
①30～40m程度のぐねぐねコースを、生活班の数の半分の数だけ作る。
②図のように大きなカーブ、小さなカーブ、ループ、直線がコースの中に入っているようにする。

③ぐねぐねコースからはみ出さないように走ってみる。
④グループ内で、どうすれば上手く走れるか話し合う。
⑤2チーム対抗で追いかけっこをする。
〈ぐねぐね走追いかけっこのルール〉
・2チーム対抗で行う。
・各チーム順番を決め、1番から順に対戦していく。
・逃げる子と追う子の最初の間隔は、両手間隔程度。走る子によって調整する（早くに

77

つかまってしまわないような間隔がよい)。
- 逃げる子が自分のタイミングで走り出す。それが追いかけっこのスタートになる。
- 追いかける子がタッチできれば勝ち。一周タッチされずに走り切れば逃げる子の勝ち。

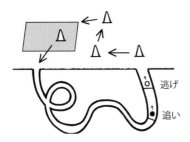

2．第2・3・4回目の授業例

(1) 本時のねらい
①それぞれのぐねぐねコースの走り方が分かる。
②ぐねぐね走リレーを楽しむことができる。

(2) 本時の流れ
①グループの半分の数だけコースを作る。
※生活班が6つの場合、2班で1つのコースを走るので、3種類の違ったコースを作るとよい。
※コースの中に砂場を入れたり、途中にマットを敷いてその上を走ったり、段ボールで作った障害物を置いたりしても楽しい。
②追いかけっこをしながら、グループでコースを上手く走るコツを見つける。

③ぐねぐね走リレーの作戦を立てる。(走順・走るコツ)

【ぐねぐね走リレーのルール】
- 2チーム対抗で行う。
- バトンは、リングバトンを使用する。
- スタート位置を2か所つくり、同時にスタートする。早くゴールにたどり着いたチームの勝ち。(あるいは1チームずつタイムを計測して比べてもよい。)
- 相手を追い抜く必要がある時のみコースの外に出てよいこととし、外側から追い抜く。

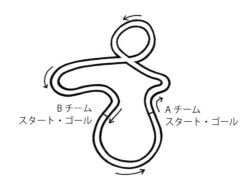

3．第5・6回目の授業例

(1) 本時のねらい
①今まで発見した各コースの走るコツを生かして、リレーができる。
②2つの違ったコースでぐねぐね走リレーをする。

(2) 本時の流れ
①今日のぐねぐねコースを走ってみる。
②コースを上手く走るコツ・走順などを、グループで話し合う。

③1回目のぐねぐね走リレーをする。
④全体で振り返りをする。上手くいった作戦などを取り上げ、2回目のリレーに生かせるようにする。
⑤1回目に走ったコースと違うコースに移動をする。
⑥2回目のリレーコースを走ってみる。
⑦グループで作戦を立てる。（走るコツ・走順）
⑧2回目のぐねぐね走リレーをする。

〈コースのつくり方〉
　ラインカーを活用すると簡単につくれる。幅を20cmにし、難易度を上げるのもおもしろい。

Ⅵ．評価（ねらいの達成のイメージ）

〈できる〉
・バトンパスの仕方を工夫し、走り出しての片手バトンタッチができる。
・カーブでは、外側に足がはみ出さないように体を傾けたり、スピードを落としたりすることができる。

・芝生やマット、砂場などの足場の地面では、地面を強く蹴ったり、ピッチを上げたりするなどして、スピードを落とさずに走ることができる。

・直線を走る時には、歩幅を広げてスピードを上げることができる。

〈わかる〉
・バトンパスの仕方がわかる。
・コースの中でスピードをコントロールしなければいけないことがわかる。
・コースに合わせて、姿勢をコントロールするとよいことがわかる。

〈学び合う〉
・グループでバトンパスの仕方を考えることができる。
・友達の走りを観察することができる。

第2章　小学校低学年体育の授業プラン

シュートボール
（まと当てゲーム）

I．教材について

　シュートボール（まと当てゲーム）はルールが簡単である。ボールを投げてまとに当てたら得点というただそれだけであるからこそ、子どもたちは必要に応じて自分たちに合ったルールを作り出すことができる。

　また、360度どこからでもシュートを打つことができるのも特徴である。それによってシュートチャンスが増え、得点をする機会が多くなる。さらに技能面も手で捕る、投げるといった簡単なボール操作で得点をする機会が増える。低学年の子どもたちにとって「自分で得点すること」はシュートを打つ喜び、ゲームの楽しさを味わえるだけでなく、得点をするためにどのように動けばよいのかを考えたり、友達と協力したりといった戦術的な思考を育成することにもつながっていく。

II．ねらい

〈できる〉

・パスされたボールを捕ったり、まとにボールを投げ当てたりすることができる。
・ノーマークになってシュートしたり、ノーマークの人にパスを出したりもらったりすることができる

〈わかる〉

・ボール保持者に対してボールを持たないプレーヤーがどこに動けばよいかがわかる
・ノーマークになるための動き方がわかる。

〈かかわる〉

・チームの友達と攻め方を考えたり、協力して得点したりすることができる。

III．学習の流れ

1．第1学年

（1）物を投げる遊び

　様々な形状の物を投げることによって、それぞれに投げやすさが異なることを体験的に理解する。また、投げ方には上投げ、下投げ、横投げ、やり投げなど様々な投げ方があり、物や重さによって投げやすさ、投げにくさがあることを感じることができるようにする。また、「正確に投げる」「力強く投げる」方法について考えさせていく。

80

（2）まと当てゲーム１（攻防切り替えなし）

1人1個ボールを持ち、まとをめがけてシュートする。シュートした後のボールは、自分で拾いにいくようにする。ここでは、前時に学習したボールの投げ方を意識させ、思い切りまとに当てる（ねらう）楽しさを味わわせる。制限時間を決めてゲーム性を持たせることで遊びに熱中させ、いつの間にか正しいフォームで何度も投げている状態を作る。

（3）まと当てゲーム２（攻防切り替えなし）

2人でボールを1つにする。制限時間内にどうやったら多くのシュートが打てるのか考えさせる。その際、ボールを持っていない子がシュートを打つ子の円の反対側に動くことのよさを考えられるようにする。また、まとに当たったボールがどのあたりに跳ね返ってくるか予測して自分の立ち位置を決めることも大切である。

2．第2学年

（1）まと当てゲーム３（2：1　攻防切り替えなし）

守りを1人入れる。守りが入ることによって、今までのようにフリーでシュートをすることはできなくなる。そこで「守りにじゃまされないようにシュートするためにはどうすればよいか」という課題の下、作戦を考えさせる。

（2）シュートボール（2：2　攻守入り混じり型）

守りを2人にする。イーブンナンバーになったことによって、ワンツーマンマークが生まれてくる。ここでも「守りにじゃまされないようにシュートを打つためにはどうすればよいか」が学習課題となるが、まと当てゲーム3（2：1）とは異なり、マンツーマンマークをどうやって振り切るかに子どもたちの話し合いを絞り込んでいく。

第2章　小学校低学年体育の授業プラン

Ⅳ．学習の進め方（全体計画）

1年生			
時間	1、2、3	4、5	6、7、8
ねらい	・いろいろな物を投げる遊びを通して、楽しみながら正しいフォームを身に付ける ・正確に力強く投げるフォームを体験的に理解する	・「まと当てゲーム1」のルールを考える ・正しいフォームで正確に強く投げる	・「まと当てゲーム2」のルールを考える ・ボールを持っていないときの立ち位置が分かる
内容	「物を投げる遊び」 ①様々な形状の物を投げる ・様々な物を投げる中で、物によって投げやすい投げ方があることを知る（上投げ、下投げ、横投げ、やり投げ、突き上げなど） ②正確にねらう ・チーム編成 ・2～5ｍの距離にあるまとに向かって投げる ・正確にねらうためのフォームについて考える ③強く投げる ・5ｍ離れたまとに向かって強く投げて、まとを落とす ・体のひねりと重心移動によって強く投げられることを知る	「まと当てゲーム1」 ・1チーム4人 ・1人ボール1つ ・投げたボールは自分で拾いにいく ・制限時間内に多くまとに当てた（得点した）チームの勝ち 学習したフォームを生かしてまとにボールを投げ、得点する楽しさを味わう。	「まと当てゲーム2」 ・1チーム4人 ・2人にボール1つ ・制限時間内に多くまとに当てた（得点した）チームの勝ち 多く得点を取るためには、外れたボールを捕ってすぐに投げることが大切であることを考える。そのためにはボールを持っていない人はボール保持者の反対側に動くとよいことがわかる。
2年生			
時間	1、2、3	4、5、6、7、8	
ねらい	・「まと当てゲーム3」のルールを考えることができる ・相手にマークされた時の個人、ペアでの作戦を考えることができる。	・「シュートボール」のルールを考える ・コンビプレーによるマーク外しの方法を考えることができる	
内容	「まと当てゲーム3」 ・2人一組で行う ・まとの周りに二重円を引き、その中に守る人を1人入れる。 ・制限時間内に多くまとに当てた（得点した）ペアの勝ち。 守る人にじゃまされずにシュートを打つための作戦を考える。 個人での作戦：山なりシュート、フェイント ペアでの作戦：円の周りを走る、逆サイド空間の活用	「シュートボールゲーム」 ・2人一組で行う。2対2のゲーム ・まとを2か所用意し、相手のまとに当てたら得点となる。 2人の守りに対して、ノーマークになるための作戦を考える。 （守りがセットする前）素早く逆サイド空間に走り込み、パスをもらってシュートする（速攻型） （守りがセットした後）ボール保持者が味方にパスを出し、その後、すぐに反対側へ移動して再びパスを受けてシュートする（45度の動き）	

82

シュートボール

V．技術の発展過程

物を投げる遊び	・様々な投げ方を体験する ・ボール投げの正しいフォーム（上投げ）を知る
まと当てゲーム１	・正しいフォーム（上投げ）で正確に強く投げることができる
まと当てゲーム２	・正しいフォーム（上投げ）で正確に強く投げることができる ・ボールを持っていないときの立ち位置が分かる
まと当てゲーム３ （２：１）	・ノーマークでボールがもらえる位置に素早く動くことができる ・タイミングよくノーマークの味方にパスを出すことができる ・ノーマークでパスをもらい、シュートすることができる
シュートボール （２：２）	・自分のマークを振り切り、ノーマークでパスがもらえる位置に素早く動くことができる。 ・タイミングよくノーマークの味方にパスを出すことができる ・自分のマークを振り切り、ノーマークでパスをもらい、シュートすることができる

VI．各時間の内容（１年生）

１．第１回目：物を投げる遊び

（１）本時のねらい

いろいろな物を投げる遊びを通して、物によって投げやすさ、投げづらさがあることに気付く。

（２）授業の流れ

①学習課題

いろいろな物を投げてみよう。

②グループでいろいろな物を投げる

新聞紙を投げる（おさらの形、棒の形、ボールの形）。テニスボール、フリスビー、水を入れたペットボトルを投げる。

③いろいろな投げ方をしてみよう（例）

　新聞紙のお皿：上投げ、下投げ、横投げ
　新聞紙の棒：上投げ、下投げ、やり投げ
　新聞紙のボール：上投げ、下投げ

〈グループ学習〉

それぞれの形状、重さの物について、どのような投げ方が投げやすかったのか話し合い、記録をする。

２．第２・３回目：物を投げる遊び

（１）本時のねらい

正確に力強く投げるフォームを体験的に理解する。

83

（2）授業の流れ
①学習課題

まとにボールを当てるためにはどういう投げ方をすればいいか。

②グループで動物まと当てを行う
・まとの位置は2m、3m、4m、5m。
・1人1回ずつ投げたら、チームで場所を交代していく。
・0号ドッジボールを使用する
・まとに当たって1〜2点。落として3点。
・記録をグループでつける。

〈つまづき例とその指導方法〉

正確にまとに当てることができない。
　→正しいフォーム＊を子どもたちに教え、何回かドリルを行う。
＊正しいフォーム
ア．投げる方向に対して体を横向きにする
イ．足を肩幅に開く
ウ．両手を広げてボールを持っている方の腕を曲げる

エ．腕を曲げた時にボールが耳につくようにする（肘をできるだけ高くするため）
オ．両腕が上がった状態で後ろ足に体重をのせる
カ．重心が前足にのった時に、身体のひねりを加えながらボールをタイミングよく離す

③グループで鬼まと当てを行う
・まととの距離は5m。
・1人1回ずつボールを投げる。何回で鬼をやっつける（段ボールを落とす）ことができるか数える。
・0号ドッジボールを使用する。

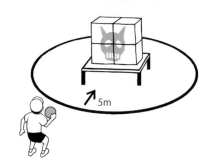

　力強く投げることでまとを落とすことができることを確認する。体のひねりと重心移動によって、強く速いボールが投げられることを知る。
〈グループ学習〉
　まとを落とすような力強い投げ方を発見する。

3．第4〜5回目：まと当てゲーム1

（1）本時のねらい
・まと当てゲーム1のルールを考える。
・正しいフォームで正確に強く投げることができる。

（2）授業の流れ
①学習課題

　ボールをたくさんまとに当てるには、どの

ような投げ方をすればいいか。
②グループでまと当てゲーム1を行う

　まと（段ボール*）は円の中央に4個以上並べる。円の半径は練習すれば誰もがまとにボールを当てられるくらいの距離を話し合って決める（3mくらい）。1人1個ボールを持ち、いろいろな場所からまとをめがけて思い切り当てる。まとに当たる面白さを十分に味わわせる。

　ゲームの人数は4人。円の中央に置いたまとを狙って投げ、1分間に何個まとを倒したかをチームごとに競う。倒したまとは自分たちでまた立てる。投げたボールは自分で拾いに行くようにする。

- 1個落として1点。
- 倒したら自分でフラフープの中に赤玉を入れ、得点をわかりやすくする。
*まとはある程度の高さがあり、倒れるといい音がするもの等、色々と工夫するとよい。

トマト缶を3つつなげたもの

一斗缶

〈指導のポイント〉
　競争性が入ることで勝敗が決まる楽しさも味わえるが、その分、勝ちたいという気持ちが先行しフォームがバラバラになる可能性がある。
　そこで、教師からフォームに関するアドバイスを何度も行い、ゲームを楽しみながら修正できるようにする。

〈つまづき例とその指導方法〉
　なかなか得点を取ることができない。
　→正しいフォームを練習させるとともに、「当たったら1点」などみんなが楽しめるルールを考えるようにする。

4．第6〜8回目：まと当てゲーム2

（1）本時のねらい
- まと当てゲーム2のルールを考える。
- ボールを持っていないときの立ち位置が分かる。

（2）授業の流れ
①学習課題
　たくさん得点を取るためにボールを持っていない子はどこに動けばよいか。
②グループでまと当てゲーム2を行う
　4人1チームで行う。2人にボールを1つ（チーム内で2つのボール）にする。「まと当て1」と同じように1分間以内に何回まとを落とせるのかを競い合う。
　ここでは、ボールを持っている人に対して円の反対側にいれば、まとを外したボールが来るので、それを拾ってまた投げることができることに気付かせ、2人の協力プレーを学ばせる。

〈指導のポイント〉
　ボールの軌道を予測して動くことは低学年児童にとって難しいため、全体で話し合う場面で外から友達のよい動きを見せ、視覚的に

理解できるようにさせる。ボールが飛んできそうな場所、まとに当たった場合にどの辺にボールがはね返ってきそうか予想させる。

〈グループ学習〉

2人ずつの兄弟チームを作り、ボールを持っていない人がどこに動けばよいか見合う。

Ⅶ．各時間の内容（2年生）

1．第1～3回目：まと当てゲーム3（2：1）

（1）本時のねらい

- まと当てゲーム3のルールを考える。
- マークされた時の個人、ペアでの作戦を考えることができる。

（2）授業の流れ

①学習課題

守りにじゃまされないようにシュートするにはどうすればよいか。

②まと当てゲーム3を行う

2人1チームで行う。まとの周りの円を二重円にし、その中に守りを1人入れる。制限時間内に何回まとを落とせるのかを競い合う。ここではまとを2個にして、落とした時点で攻め側が段ボールをすぐに台に乗せる。

〈指導のポイント〉

守りにいかにじゃまされずにシュートを打つことができるのか、まずは自由に作戦を子どもたちに出させる。子どもたちに作戦を聞く場合は、個人の作戦とペアの作戦の2つを整理しながら話をする。

（3）作戦例

①個人の作戦

- 山なりシュート：守る人の頭を超える山なりのシュートでまとをねらう。
- フェイント：目の前の相手を左右に揺さぶり、タイミングをずらすことでシュートコースを広げる。

②ペアの作戦

- ぐるぐる作戦

二重円の周りを走りながら、味方と交差するときに手渡しパスを行って、守る人のタイミングをずらす。また、手渡しパスをすると見せかけてボールを渡さずに守りをだます動きもある。

ぐるぐる作戦は子どもたちから出やすい作

シュートボール

戦である。しかし、実際に行ってみると手渡しパスをするのかどうか、そのやりとりが上手くいかないため、ボールをパスした時にはすでに守りにマークされてしまっているケースがよく見られる。この「作戦を考えたんだけれど、なかなか上手くいかない」ということを感じ、何が原因なのか考えさせることが重要である。

ぐるぐる作戦

- 逆サイドマーク外し

二重円に対して、ボール保持者とは反対側に味方が移動し、そこでパスをもらう。シュートを打つようなイメージでパスをすると、ボールスピードが速くなるため、味方がキャッチしてから守りの子が来るまでに時間が稼げる。その間、ノーマークでシュートを打つことができるため、かなり有効な作戦だ。また、シュートを打つようなイメージでパスをすることでボールの軌道がワンバウンドになるため、低学年の子どもたちにとってはキャッチしやすいパスになる*。

＊低学年の子どもにとって通常の目線よりも上から来るパスは捕りづらく、下から来るパスは捕りやすい。

〈グループ学習〉

兄弟チームを作り、作戦が上手くいったかどうか見させる。作戦通りに動いているがノーマークでシュートが打てない場合、何が原因なのか考えさせる。

6．第4〜8回目：シュートボール（2：2）

（1）本時のねらい

- シュートボールのルールを考える。
- コンビプレーによるマーク外しの方法を考えることができる。

（2）授業の流れ

①学習課題

守りにじゃまされないようにシュートするためにはどうすればよいか。

②シュートボールを行う

2人1チームで行う。まとを2ヶ所（まととまとの間は5mくらい）にして、相手チームのまとを落としに行くゲームを行う。2人対2人、ボール1つの攻守入り交じりのゲーム。攻める人数と守る人数が同じになったことによって、マンツーマンマークが発生する。ここでも「守りにじゃまされないようにシュートを打つためにはどうすればよいか」が学習課題となるが、まと当てゲーム3（2：1）とは異なり、マンツーマンマークをどうやって振り切るかに子どもたちの話し合いを

第2章 小学校低学年体育の授業プラン

絞り込んでいく。

〈指導のポイント〉

マンツーマンが生まれることによって、時間と空間の関係がより大きな意味をもつようになる。それまでは相手が1人だったため、逆サイドへのパスに対して守りが動いて再びじゃまするまでに時間がかかり、そのため、ある程度の時間が確保できた。また、逆サイドには大きな空間があった。ところが、マンツーマンになることによって、ボールを持っていない子にもマークがつくため、タイミングよく大きく動き出さなければパスは来ない。また、パスの出し手も味方の動きをよく見て、タイミングよく、しかも速いパスを出さなければならない。

このタイミングと空間への大きな動き出しが子どもたちに学ばせるべき学習内容になっていく。ここでは速攻場面と守備がセットされた場面に分けて、それぞれの動き方を提示する。

① 速攻場面

ボールを奪った瞬間（相手の守備が整わな

いうち）にボール保持者以外の1人が逆サイド空間へ素早く移動する。この素早く相手のまとに向かって動くことが作戦成功の鍵だ。

② 守備がセットした場面

2人にそれぞれマークがついてしまった場面では、まず、ボール保持者であるAは、味方Bにパスを出す。パスを出した瞬間AはBとは逆のサイドに素早く走り出す。つまり、自分の位置を45度変える。すると、守りCはボールに引き付けられ*、一瞬Bをマークする形になる。ボールをもらったB

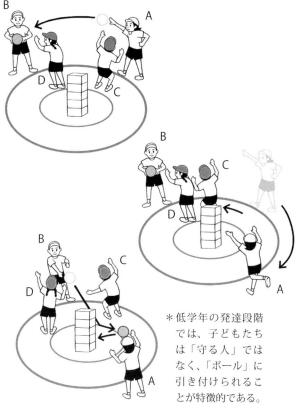

*低学年の発達段階では、子どもたちは「守る人」ではなく、「ボール」に引き付けられることが特徴的である。

はシュート性のパスをAに出すことによってAはノーマークでシュートを打つことができる。

〈つまづき例とその指導方法〉

ボールをもらってもすぐにマークにつかれてしまい、ノーマークでシュートができない。

→ボールを持っていない人は空間に素早く動き出すことを意識させる。一度試して終わりではなく、何度も動き出すように声をかける。

中・高学年のゲーム（ボール運動）ではフリーでシュートを打つ（パスを受ける）ために「空間」と「タイミング」を学ぶことになる。低学年はその前段階として「空間＝スペースでボールを受けることのよさ」を子どもたちに気付かせたい。

しかし、スペースは一度そこに移動すればよいのではなく、マークをされてしまったらスペースはなくなる。この「スペースは生まれては消え、消えては生まれる」ことに気付かせたい。

7．発展例　シュートボール
（4：4　攻守入り混じり型）

低学年児童の発達段階は「僕がシュートをして得点したい段階」から「困ったから、味方にパスをするが、もう一度ボールを返してもらい自分でシュートしたい段階」、そして「相手にシュートを打ってもらう段階」に分かれている。このように考えると、低学年でパスを成立させることは容易なことではないことが分かる。

そこで、パスではなく自分の力で相手をかわして得点を取るという経験をさせるため、ボールを1人1個持ち、4人が自由にシュートを打ったり守ったりできるゲームにする。

もちろん相手も4人がボールをそれぞれ持っているわけだから、多くの人が得点を取ろうと必死になる。何人で守るのか、誰が攻めるのか、最初は全く決められておらず自由なので混乱が生じる。しかし、この混沌とした状態から「A君とBさんが守るようにしよう」とか「攻める人は3人で残った1人は守っていてね」といった作戦が生まれてくる。

このゲームの利点は次の2つ。

①シュートできる可能性が高くなること。1人ボール1つのため、誰もがシュートするチャンスがあり、得点を取る可能性が高まる。

②誰が攻めるか、誰が守るかをめぐっての話し合いが行われる。低学年は自分で得点を取りたい気持ちが強い。しかし、全員が攻めてしまえば守る人がいなくなる。このような葛藤の中で作戦を立てる必然性が子どもの側から出てきやすい。

第２章　小学校低学年体育の授業プラン

表現リズム遊び

Ⅰ．教材について

１．表現運動とは

　表現運動は自己の心身を解き放って、リズムやイメージの世界に没入して踊ることや変身することが楽しい運動であり、互いのよさや違いを生かし合い、楽しさや喜びを味わうことのできる運動である。低学年では、発達段階として表現する対象になりきることが抵抗なく行いやすい時期である。このため、変身する楽しさに十分触れさせたい。また、単なるまねっこではなく、跳んだり、回ったり、這ったり、素早く走ったりなど全身を使ったダイナミックな動きを引き出したい。さらに、子どもたちの関心が高く、具体的な動きや特徴のある動きを多く含んだ題材を取り上げる中で、即興的な動きを大切にしたい。

２．教材の扱い方

　現実問題として、表現運動は運動会の演技種目として取り上げることが多い。しかし、体育の授業としても現代の子どもたちにとって自分の身体への理解を深める上で大切な教材である。このため、今回は「教科体育単元」と「運動会単元」の２つを紹介する。

３．グループ学習

　学習の進め方としては、グループ内で見せ合ったり、グループ間で見せ合ったりするグループ学習で進める。友達の動きをまねること

や、友達の動きからイメージを広げていくことが大切である。グループ学習を進めることで、「友達と交流する」ことや「友達と力を合わせる」など学習集団としての質を高めていきたい。

Ⅱ．ねらい

〈できる〉
・なりきって変身したり、踊ったりすることができる。

〈わかる〉
・同じ題材でもいくつもの表現があることがわかる。

〈学び合う〉
・友達の動きをまねたり、自分の動きを教えたりできる。

Ⅲ．教材づくりのポイント

１．即興性を大切にしたもの

　頭で考えるというよりも、身体が反応して動きを生み出すことをめざす。

　　例：はてなボックス、変身まねまね、だるまさんが○○

２．イメージを大切にするもの

　言葉や音楽、お話から自分でイメージをもち、動きをつくる。

　　例：見立て遊び、とけたアイスクリーム、
　　　　○○ランドへ行ってみよう、民舞

90

3．からだへの気づきを意識したもの

自分の体や友達との動きづくりを通じてからだへの関心を高める。

例：ミラーじゃんけん、人間彫刻、民舞

[ミラージャンケン]

Ⅳ．学習の全体計画

【教科体育単元の全体計画例】

	1、2、3	4、5、6
ね ら い	・なりきって変身することができる。 ・同じ題材でもいくつもの表現があることがわかる。 ・友達の動きをまねたり、自分の動きを教えたりできる。	
内 容	①小犬のさんぽ ・じゃんけんをして、勝った子の手のひらに顔を近づけるようにして動く。 ②ミラーじゃんけん ・じゃんけんをして、勝った子のポーズをまねる。 ③見立て遊び（輪、縄、ボール） ・用具の形をいろいろな物に見立てて遊ぶ。 ④変身まねまね ・音楽に合わせて円形に走る。グループが引いたカードを全員で即興的に表現する。 	①だるまさんが○○ ・○○のところに動物や昆虫の名前を入れて、そのものに変身して止まる。 ②人間彫刻 ・目をつぶって、相手のポーズを手で触りながら同じポーズをつくる。 ③○○ランドへ行ってみよう!! ・お話に合わせて、アトラクションや冒険をする。（南極、ジャングル、海底、火山、宇宙など） 

Ⅴ．授業プラン（教科体育単元の例）

1．第1回目～3回目

（1）本時のねらい
・なりきって変身することができる。
・同じ題材でもいくつもの表現があることがわかる。
・友達の動きをまねたり、自分の動きを教えたりできる。

（2）授業の流れ
①学習課題「変身することを楽しもう！」
②変身することに慣れよう

【小犬のさんぽ】
・じゃんけんをして、勝った子の手のひらに顔を近づけるようにして小犬になったつもりで動く。
・じゃんけんに勝った子は、じゃんけんに負けた子が自分の手のひらの動きについてこられるように手を動かす。

［発展例１：動物歩き］
・動物の歩き方をまねて歩いたり走ったりする。他の子が考えた歩き方や走り方をまねて歩いたり走ったりする。
※動物歩きの例
　かめ：４つ足で歩く。
　フラミンゴ：ケンケンで跳ねる。
　カンガルー：両足ジャンプで跳ねる。
　ウサギ：ウサギ跳びで跳ねる。
　チーター：普通に走る。

［発展例２：さまざまな歩き方］
　動物歩きを発展させ、具体的な動物の歩き方ではなくても、這って進んだり、転がって進んだり、自分の考えた進み方をみんなの前で表現してみる。

【ミラーじゃんけん】
　グループ内でペアになり、リズム太鼓などでペアの相手とじゃんけんをする。勝った子のポーズを負けた子がまねをする。ポーズは動かさず、「だるまさんがころんだ」のようなストップモーションをする。忍者のまねや片足を上げたバランスをとる子が出てくる。中には顔の表情までつけて負けた子が、思わず吹き出して笑い声が起こるだろう。
　また、教師が大きな動きをしている子を見つけ、その動きを実際にその子にやってもらって、全員に経験させることで動作を増やすこともできる。多様な動きを経験することで、同じ題材であっても、多様な表現があることを理解させたい。

［つまずきの指導］
　動きが創り出せず、勝ってもポーズを決められない子がいる。「勝ったら、足じゃんけんのどれか、ひとつをやってみよう！」のように決めておいて、慣れてきたら「好きなポーズを入れてもいいよ」のように動作を増や

すとよいだろう。はじめの頃は、動作が直線的になりがちなので、「身体をねじったり、ひねるといいよ」といった声かけをすると変化が出る。

ひねる動きの例　　大きな動きの例

[発展例：とけたアイスクリーム]
「みんなはいま、ソフトクリームです。でも、夏の暑い日差しに照らされて、じゃんけんに負けると少しずつとけていきます。」

立った姿勢から始める。肩を下げるなどの小さい動きもよしとする。とけるアイスクリームのイメージから自然と身体をねじるような動きがうまれやすい。

ペアの前後半に分けて「30秒かけてとけていこう！」のようにするのもよいだろう。

〈ペア学習のポイント〉
■注目させたいところ
　低学年の子どもは活動的である。表現の動きが速くなりがちな子どももいる。ここでは、スローモーションにようにじっくり動くことを大切にしたい。「巻戻し」の教師からの声かけで、自分のとけた動きを逆再生させて、自分の動き方に着目させてみよう。

「とけたアイスクリーム」のところでは、ただ立った姿勢から床に座るのではなく、背骨を中心とする身体の軸がゆられてくずれていくようなバランスのくずれる動きに目をとめさせたい（正確にはバランスがくずれないと動きはうまれない）。

（3）グループ学習
①見立て遊び
　輪の形をいろいろな形に見立ててみよう（縄、ボールなど他の用具でも同様に見立てることができる）。
「この丸がどんな形になるかな？」

[つまずきの指導]
　見立てる意味がよくわからず、動きが生まれない時は、低学年用のバトンなど小さい物を見立てると、「灰皿」「車のハンドル」といった生活にある物に結びつけやすい。

93

第２章　小学校低学年体育の授業プラン

〈グループ学習のポイント〉

　１グループの人数は６人以下が適切。はじめはやる順番を決め、徐々に慣れて、２周したら、イメージが浮かんだ人からやるのもよい。

〈発展例その１〉

　紹介した見立て遊びは、個人で表現遊びをするものだが、やや長めの縄やゴムを使い、グループの人数全員でやってみるのもよい。その際、「椅子」「自転車」「橋」などそのつど、見立てるテーマを与えてやるとよいだろう。

〈発展例その２〉

　個人でイメージしたポーズをストップモーションでとり、そのポーズを他のイメージのものに見立てる。つまり、道具の代わりに人間自身を見立てる対象にする。イメージをつなげて遊ぶことにかわりはないが、物とのかかわりから人とのかかわりへと質的に変化する表現がうまれる。

②変身まねまね

　音楽が止まると、グループの先頭の１人が引いたカードをグループ全員で即興的に表現する。音楽が鳴るとカードの絵をまねて歩いたり這ったり走ったりする。

　しばらくすると、音楽をまた止め、カードを引く。引いたカードは裏にしてその場に置くこととする。

車

カブト虫

カードの例

[つまずきの指導]

はじめのうちは、グループ全員で即興的に表現することが難しいだろう。その際は、先頭の子の表現をみんなでまねたり、動きの思いつく子を先頭にしてまねたりするとよい。また、カードを引く子を順番に変えていくと意欲が高まる。

2．第4回目～6回目

（1）本時のねらい
・即興的に変身することができる。
・同じ題材でもいくつもの表現があることがわかる。
・友達の動きをまねたり、自分の動きを教えたりできる。

（2）授業の流れ
①学習課題「みんなで変身することを楽しもう！」
②変身することに慣れよう
■だるまさんが○○

※「だるまさんがころんだ」の変形バージョン

○○に入れる言葉は「動物」や「昆虫」などしぼっておく。

■人間彫刻

目をつぶった人が相手の身体を手で触りながら相手がどのようなポーズをつくっているのかを考え、わかったら目かくしをしたまま、相手と同じポーズをする。3人1組になって、ポーズができているか判定してあげるとよいだろう。

〈発展例〉6人くらいのグループになって、円になり、順番に円の内側へ移動してポーズをとり、人数を増やしていく集団人間彫刻もできる。

■○○ランドへ行ってみよう！

遊園地などのテーマパークを冒険する。教師からの言葉かけに合わせて、グループでリーダー（先頭の児童）を先頭にして遊んでみる。

〈「海底探検」の例〉

「さあ、今から海底探検に出かけるよ！ 小さな魚になって、海へぼちゃーん！」

ジャンプしたり、飛びこんだり…。
「海の中を泳いでいるよー」「いろいろな生

き物たちがいっぱいいるねー」

背びれや尾びれを動かして（背中をゆすったり、お尻をふったり…）。
「みんなが出会う生き物たちになってみよう！　カードをめくって」
〈カードの例〉クラゲ、ウミガメ、イソギンチャク、イルカ、タコ、ウミヘビなど

「大きなサメだー！　大変だ！逃げろー！」かけ足で走る。

「サンゴの中に逃げ込め！　一安心。ゆっくり休んでいこう」

「あれ、いつの間にか網にかかったよ。助けてくれー！」もがくようにして暴れる。

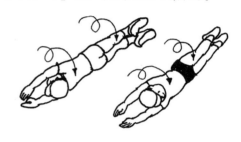

「水の中に入ったと思ったら、クラスの水槽の中だった」人間の子どもに驚いている。

【運動会単元の全体計画例】

荒馬を踊ろう						
1、2、3、4、5、6、7、8						9
・囃子のリズムで踊る楽しさを味わう。 ・体のどこで重さを支えているかがわかる。 ・太鼓のリズムで踊る楽しさを味わう。						発表
・オリエンテーション 2つとび	2つとび グループ練習	4つとび グループ練習	いななき グループ練習	はやかけ グループ練習	通し練習 グループ練習 通し練習	発表

※指導の便宜上2つとび（小前進）や4つとび（大前進）という名をつけている。

VI. 授業プラン（運動会単元の例）

1．第1回目

（1）本時のねらい
・荒馬踊りがどんな踊りかを知る。
・かけ声を元気な声でかけることができる。
・2つとびの囃子を唱え、囃子に合わせて2つとびの流れをつかむことができる。

（2）授業の流れ
①オリエンテーション

運動会で表現する「荒馬踊り」を演じる。教師の方で演じることが不可能な時は、ユーチューブ等の視聴覚機器の利用も考えられるが、できる限り生の踊りを見せることが望ましい。演じる際は実際に使う馬がほしいところである。ない場合は手綱だけでも作って演じてほしい。

〈手綱の作り方〉

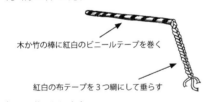

〈馬の作りかた〉

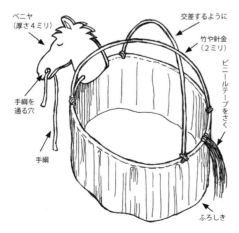

②かけ声や囃子を唱えてみよう

かけ声「らっせらーらっせらーらっせらっせらっせらー」を元気な声で言ってみよう。頭の先から身体が上へ引っ張られているように声を出してみよう。

2つとびの囃子を全員で唱える。覚えるよう何回も唱えるとよい。

太鼓のリズムに合わせて囃子を唱える。
「ハイ」ドーンコ　　ドンドン
　　ドーンコ　　ドンドン

③囃子に合わせて踊る

まずは、教師が手本を示し、その後、全員で踊る。

「ハイ」ドーンコ　　ドンドン

※上体を右にねじる。
※馬の首を腰へ引きつける。

跳ねる時、足裏のまん中で体重を受け止め、重さの跳ね返りを感じてみよう！

ドーンコ　　ドンドン

※上体を左にねじる。

2．第2回目

（1）本時のねらい
・2つとびの囃子を唱えることができる。
・囃子に合わせて2つとびを踊る。

第2章　小学校低学年体育の授業プラン

（2）授業の流れ
①前回の復習で、2つとびの囃子を全員で唱え、囃子に合わせて踊る。
②グループ（4人位の少人数）で踊る。
　はじめに踊る2人、囃子を唱える子2人が交代して踊ってみよう。
③全員で、囃子と太鼓のリズムに合わせて踊ってみる。

3．第3回目

（1）本時のねらい
・4つとびの囃子を唱えることができる。
・囃子に合わせて4つとびを踊ることができる。

（2）授業の流れ
①囃子を唱えてみよう。
　4つとびの囃子を全員で唱える。覚えるよう何回も唱えるとよい。
　太鼓のリズムに合わせて囃子を唱える。

「ハイ」ドーンコ　　ドーンコドーンコドンドン

※馬の首を右斜め上から左腰へグイッと引く

ドーンコ　　ドーンコドーンコドンドン

※馬の首を左斜め上から右腰へグイッと引く

②囃子に合わせて踊る
　教師の手本の後、全員で踊る。
「ハイ」ドーンコドーンコドーンコ
　　　ドンドン
　　　ドーンコドーンコドーンコドンドン
③グループ（4人位の少人数）に分かれて踊ってみる。

踊る2人、囃子の2人。交代して踊る。
④全員で、囃子と太鼓のリズムに合わせて踊ってみる。

4．第4回目

（1）本時のねらい
・いななきの囃子を唱える。
・囃子に合わせて、いななきを踊る。

（2）授業の流れ
①囃子を唱えてみよう
　いななきの囃子を全員で何回も唱える。
　太鼓のリズムに合わせて囃子を唱える。
「ハイ」ドロスコ　　ドンドンドンドン
　　　ドンドン
　　　ドロスコドンドンドンドンドンドン
②囃子に合わせて踊る
　まずは、教師が手本を示し、その後、全員で踊る。

「ハイ」ドロスコ　　ドンドンドンドンドン

※腰をおろしながら馬の首を上から下へもってくる。

ドロスコ

ドンドンドンドンドンドン

③グループ（4人位の少人数）で踊る
　踊る2人、囃子の2人。交代して踊る。
④全員で、囃子と太鼓のリズムに合わせて踊る

5．第5回目

（1）本時のねらい
・はやかけの囃子を唱えることができる。
・囃子に合わせて、はやかけを踊ることができる。

（2）授業の流れ
①囃子を唱えてみよう
　いななきの囃子を全員で何回も唱える。
　太鼓のリズムに合わせて囃子を唱える。
　ドンドンドンドンドーンコドンドン
②囃子に合わせて踊る
　まずは、教師が手本を示し、その後、全員で踊る。

ドンドンドンドン　　ドーンコドンドン

※振り上げ足を伸ばす。

③列ごとに順番に踊ってみる
　はじめに踊る列、次、次、次と太鼓のリズムに合わせて踊ってみる。
④全員で、囃子と太鼓のリズムに合わせて踊ってみる

6．第6回目～第8回目

（1）本時のねらい
・校庭での自分の踊る場所や移動して踊る場所がわかる
・入場や退場の仕方がわかる。

（2）構成の例
　かけ声「らっせらーらっせらーらっせらっせらっせらー」×3

　入場は〈はやかけ〉で自分の場所

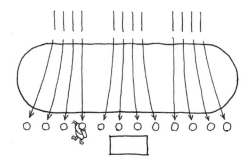

　4つとび×12
「らっせらーらっせらーらっせらっせらっせらー」
　4つとび×12

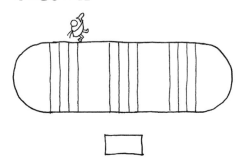

表現リズム遊び

99

移動(手綱を右手で回しながらギャロップ)

男子　2つとび×4
　　　いななき×4×2
（円の中心へ　円の外側へ）
☆待っている間、女の子内向きで首をふる。
☆女の子、男の子と交代。
☆待っている間、男の子内向きで首をふる。
〈移動（ドンドンドンドン…）〉

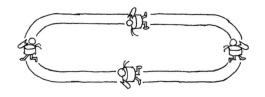

場所に着いたら外を向き、座って待つ
「らっせらっせらっせらっせ」×4
立つ「らっせらーらっせらーらっせらっせらっせらー」
全員外側向き　その場で
2つとび×4　いななき×4
内側に向かって跳びながら
2つとび×4　いななき×4
外側に向かって
2つとび×4　いななき×4
それ　「らっせらっせらっせらっせ」×6
「らっせらーらっせらーらっせらっせらっせらー」きめポーズ
〈退場〉

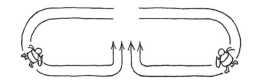

半円を描くようにかもしかとびで跳びながら。

Ⅶ．評価（ねらい達成のイメージ）

〈できる〉
・なりきって踊ったり、自分で考えた動きをすることができる。
〈わかる〉
・題材を表現するための動きがわかる。
〈学びあう〉
・互いの動きを観察しあい、お互いの動きをまねる。

【教科体育単元】（できるの例）

ミラージャンケン　　とけたアイスクリーム

【運動会単元】（できるの例）

☆大きな動きを創り出しているか。
☆上体のねじりができているか。
☆軸の曲がりで動きの変化があるか。
☆足裏の重さをのせ、はねているか。

【参考文献】
『絵で見る表現・民舞指導のポイント』あゆみ出版
ビデオ『わらび座の民舞指導6』あゆみ出版

第2章　小学校低学年体育の授業プラン

体つくり運動
（動物まねっこ運動から体操へ）

Ⅰ．教材について

1．小学校での体つくり運動の取り扱い

　日本学術会議は2017年に、「子どもの動きの健全な育成を目指して—基本的動作が危ない—」という提言を出した。そこでは、①子どもの動きの発達（形成）に遅れが見られること、②子どもにスポーツが広まっている反面、生活の中の動きが未形成なこと、③子どもの動きの形成は、もはや子どもの自然的発育・発達や自主的な活動に委ねられる域を出ており、社会環境の再整備や学校等における教育の改善を通して、保証されるべき危機的な状況に至っていると指摘されている。そのことは、子どもの「からだと動きの育ちそびれ」が生じていることを問題にしている。

2．低学年の子どもと体つくり

　2017年改訂の学習指導要領では、小学校体育科の内容の構成については、基本的な枠組みは前要領からほとんど引き継がれたが、内容（領域）の名称に関わる表現が細かく手直しされた。小学校低学年の「体つくり運動」が「体つくりの運動遊び」に変わった。小学校中学年の「体ほぐしの運動」では、小中ともに「体の調子を整える」が削除された。この導入時の説明で「気づき、調整、交流」（awareness、coordination、communication）の3つのねらいが用いられてきたが、「調整」がなくなった。また、低・中学年の「多様な

動きをつくる運動遊び」では、「力試しの動き」が加えられた。高学年の「体の動きを高める運動」における「体の柔らかさ、巧みな動き、力強い動き、動きを持続する能力を高めるための運動をする」という記述からもわかるように、1977年の要領で「体力要素」が「動き」に置き換えられて以降の、体力・動き・運動の概念の混乱が続いている。

3．同志会の体つくり運動実践

　同志会は、運動文化を大切にして、体を科学的に認識し、体力つくりではなく教材の適切な配列と系統的学習による技能の習得をめざしてきた。例えば、和歌山の宮崎庄三は、各教材についての「できる・わかる」をめざす学習によって技能が習得されれば、体力も向上するのではないかという仮説で半年間実践に取り組んでいる。その結果、①運動技能が向上した、②体力テストの合計点で低位群が減って高位群が増えた、③実践に取り組んだ半年間の体力テストの合計点の伸びがその前の1年間の伸びを上回った。しかし最近、「からだと動き」の育ちそびれやさまざまな発達不全を抱えた子どもが増加し、科学的、系統的な技術指導をしようとしても「落ちこぼれてしまう」子どもが出てきた。体育授業で文化の学習に入る前に遊んだり、用具に慣れたり、感覚づくりをしたりする段階をていねいにやる必要が生じている。
　「体つくり運動」について、その教育的意義・可能性・問題点を問い直す必要がある。そう

体つくり運動

した取り組みとして、山内基広が考案した器械運動の「ねこちゃん体操」（30ページ参照）がある。「ねこちゃん体操」は、生育環境における運動経験の不足による「育ちそびれ」に対して、器械運動に必要な基礎的身体操作として、「体幹部と四肢の操作の協応性」を耕すことに主眼が置かれている。ねこちゃん体操は、「マット運動のための準備体操」として、「あふり」「はね」「しめ」「ひねり」の感覚と身体（体幹）を操作（コントロール）して技術を楽しく練習する方法（並行学習として、また基礎感覚づくりとして）創りだされている。また、津田清は、「動物まねっこ体操」を考案・実践した。無脊椎動物からほ乳類に至る「動物まねっこ遊び・体操」によって、「体幹部の操作能力・感覚」を覚醒させるとともに、「体幹と四肢との協応動作」をコントロールする能力・感覚を養うことや、それらの動きの中から「ロール系の技」へ移行する動きをピックアップして技の学習へと接続することをねらっている。

　このように、体育授業の準備運動（「慣れの運動」「導入運動」）や、または体育授業と並行してからだと動きのドリルワークを実践

することは、「みんな」が楽しく「できる・わかる」授業づくりになってきている。

Ⅱ．ねらい

〈できる〉
・体幹部の操作、体幹と体肢（四肢）の協応動作・感覚を身に付けることができる。
〈わかる〉
・体幹部を操作したり体幹と体肢（四肢）を協応したりして、いろいろな動きや技をどのようにしたら自分の意のままにうまく行うことができるかがわかる。
・動物まねっこ遊びをうまく行うためのポイントがわかる。
〈学び合う〉
・友達の動きを観察することができる。
・グループ内で、さまざまな動物の動きを教え合うことができる。

Ⅲ．学習の進め方

　表1を参照。

表1　学習の進め方

	1、2	3、4、5
ねらい	・体幹部を操作したり体幹と体肢（四肢）を協応したりして、いろいろな動きや技をどのようにしたら自分の意のままにうまく行うことができるかがわかる。 ・動物まねっこ遊びをうまく行うためのポイントがわかる。 ・体幹部の操作、体幹と体肢（四肢）の協応動作・感覚を身に付けることができる。	
内容	①無脊椎動物のまねっこ遊び 　ここでは、手足がなく、ゆっくり動く動物（ウミウシ、ミミズ、ナメクジ、巻貝、芋虫など）の写真を示し、なってみたい動物を選んでまねをする。 　初めは全く動けない子ややみくもに身体を動かす子も、そのうち、肩や体幹の筋肉を使ってゆっくり前進する子ができるようになる。 　その動きを参考に、床にべったり身体を密着させ、体幹を「微細に伸び縮み」させてゆっくりと移動運動させる。	③両生類のまねっこ遊び 　ここではオオサンショウウオをとりあげ、「体幹部と四肢との協応動作」を行わせる。 　魚の動きに加え、協応して手足が曲げ伸ばされる。 　動きには「べにょっ、べにょっ、べにょっ」となどの擬態語（オノマトペ）をつける。

内容	動きには、「うごっ、うごっ、うごっ」などの擬態語（オノマトペ）をつける ②魚類のまねっこ遊び 　ここでは、陸に上がった魚の動き（魚が泳ぐ際の動き）、魚の「体幹のくねり動作（左右の動き）」を引き出す。 　頭を大きく振れる子は、腹ばいの姿勢でもうつぶせの姿勢でも上手に進む。「スピードコントロール」も意識させ初めはゆっくり、途中でギアチェンジするように速く行う。 　動きには、「くねっ、くねっ、くねっ」などの擬態語（オノマトペ）をつける	④様々な動物(爬虫類、哺乳類)のまねっこ遊び 　ここでは、くま、ラクダ、トカゲ、ウサギ、アザラシ、クモをとりあげ、人間にだけできる、いろいろな足の運び順序でハイハイ移動できるようになる。動きには「ぴょん、ぴょん、ぴょん」などの擬態語（オノマトペ）をつける。 ⑤歌に合わせた動物まねっこ遊び 　学習してきた様々な動物の動きをつないでお話を作る。歌に合わせて動物のまねっこをしながらグループで作品を発表する。

Ⅳ．動物まねっこ遊び・体操

1．動物の移動運動の進化の道筋を追体験

　人間は、寝返りやハイハイをしながら生まれてほぼ1年で直立し、歩いたり走ったりできるようになる。同時に手がものをつかんだり操作したりできるようになっていくのである。

　最近の子どもたちは、子育て環境の変化により、寝返りやハイハイを十分に経験せずに立って歩き始める子も多い。しかし、その経験不足は、体幹部をうまく使えず、全身の動きの協応性を欠く原因ともなっていると考えられている。

　動物まねっこ遊び・体操は、そのハイハイから直立までの歩き方のルーツ（進化の足跡）を体で追体験することで、育ちそびれた子どもたちの体を耕すことをねらいとしている。

　無脊椎動物→魚類→両生類→爬虫類→哺乳類と流れていく動物の移動運動（ロコモーション）の進化の過程を辿ることで、体幹部を縦・横・斜めに使ってのゆっくりとした動き・はやい動き・リズミカルな動き、体幹と四肢との協応の動きが楽しく体験できる。

　動物まねっこ体操を実践した津田清は、低学年のうちに、様々な体幹操作を体験させることは、発達に応じた体幹部の神経系の発達を促したり、場合によっては、育ちの中で未習得だったものを取り戻させたり、神経がより分化した時点での四肢の発達および体幹と四肢との協応によりよい影響を与えたりする

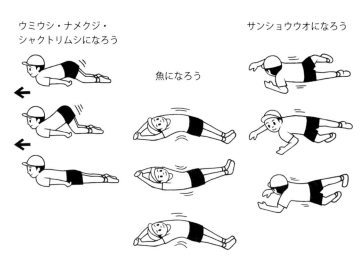

ウミウシ・ナメクジ・シャクトリムシになろう　　サンショウウオになろう　　魚になろう

意味合いがあると述べている。

（1）ウミウシ・尺取虫・ナメクジ（無脊椎動物）になろう

　手足を使わずに、普段慣れていない体幹部分だけを使って床をはって前へ進むことができるようになる。肩甲骨やお尻を交互に歩くように使ったり体幹部分を縮めたり伸ばしたり、いろいろなやり方を工夫してみる。

〈パターン1〉
①うつ伏せになる

②体幹部を曲げ伸ばしたり、縮めたり伸ばしたりしながら前へ進む

〈パターン2〉
①床に仰向けになる

②肩甲骨やお尻で歩いたり、体幹部分を縮めたり伸ばしたりしながら頭の方へ進む。

（2）陸に上がった魚（魚類）になろう

　魚類の移動運動の特徴である、全身の横へのくねりをうまく使って頭の方へ進めるようになる。
※仰向けの方がやりやすいが、うまくできるようになったらうつ伏せでも挑戦してみる。

①床にあおむけになり、手は伸ばし手のひらをつけ、足をそろえる。

②上半身だけを大きく右にくねらせる。

③上半身を左にくねらせる。左右交互に繰り返し頭の方へ進む。

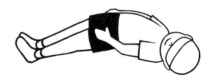

（3）サンショウウオ・（両生類）になろう

　お腹を床につけたまま、両生類のように体幹部と四肢を連動させて全身をくねらせながら移動する。両生類は魚から進化しているが、その名残として体の動かし方は、魚のように体をくねらせる動きが入る。手よりも足の親指を使って床をけって前進する。両生類の移

動における足の運びの順序（後方交差法）は、その後に進化した動物の手足を協応させて動かす運動の基本である。

①うつ伏せになる。両生類は体幹部から短い四肢が真横に出ていることをイメージして行う。

②体をくねらせて、片方の後ろ足を前進させる。

③その足を支点に全身を伸ばし、同じ側の前足（手）を前進させつつ体を逆方向にねじり、他の後ろ足も前進させる。

④これを繰り返し、体を左右にくねらせて波打たせながら前進する。

（4）トカゲ（爬虫類）になろう

左右に広く開いた四肢で、やっとのことで体幹部を床から持ち上げて移動することができるようになる。大の字のままでは体は持ち上がらないので、手足を曲げ狭くして胴体の近くに引き寄せるほど力が入り、体が持ち上げやすくなる。這うスピードが速くなると、ける後方のひざは前向きに、体を受け止める前足のひじは後ろ向きになっていく。

①うつ伏せになり、はじめに大の字になって手足で体幹部を持ち上げようとしてみる。
※なかなか上がらない。

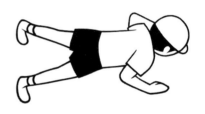

②手足を少し体幹部に引き寄せて体幹部を持ち上げる。どのくらい引き寄せれば持ち上げられるかを試してみる。

③そのままで前後に移動しみる。両生類と同じ足の運び方が移動しやすいことがわかる。

2．いろいろな動物の歩き方

(1) パターン1

　人間にだけできる、いろいろな足の運び順序でハイハイ移動できるようになる。人間以外の動物は、その種固有の歩き方しかできない。いろいろな歩き方を意識的に使い分けられるのは人間だけである。

①くまさん歩き

　両足にしっかりと体重を乗せ「右足→右手→左足→左手」の順で高這い移動する。

②ラクダ（キリン）歩き

　右手右足、左手左足をいっしょに持ち上げて前に運んで進む。

③トカゲ歩き

　対角線上にある、右手左足、左手右足をいっしょに持ち上げて前に運んで進む。

④ウサギ歩き（とび）

　左右の手（前足）→左右足（後ろ足）の順に、跳ぶように前進する。

(2) パターン2

　両足を後ろにして引きずりながら、両手だけで歩いたり、仰向けになり両手足で体を支えて歩いたりできるようになる。アザラシ歩きでは片方の手に体重を完全にのせないとうまく進むことができない。また、支える手のひじを曲げてしまうと進むことが難しくなる。

①アザラシ歩き

・うつぶせになって両手をつき、片方のひじに力を入れて支え、手を引き付けて体を引っ張る。

・反対側の手に重心を移し、手を引きつけて体を引っ張り前に進む。

②クモ歩き
・仰向けになり、両手足で体を支える。

・両手足を使い、「右足・左手→右手・左足」の順番でクモのように歩く。

（3）歌に合わせた動物まねっこ遊び
　学習してきた様々な動物の動きをつないでお話を作る。歌に合わせて動物のまねっこをしながらグループで作品を発表する。

○ウミウシが　やってきて
　うごっ、うごっ、うごっ…
　　（ゆっくり）
　うごっ、うごっ、うごっ…
　　（はやく）
　おーしまい！

○お魚が　やってきて
　くねっ、くねっ、くねっ…
　　（ゆっくり）
　くねっ、くねっ、くねっ
　　（はやく）
　おーしまい！

○サンショウウオ　やってきて
　うにょ、うにょ、うにょ

【引用・参考文献】
日本学術会議（2017）子どもの動きの健全な育成を目指して―基本的動作が危ない.
久保健（2016）『これでわかる体ほぐしの運動』成美堂出版.
宮崎庄三（2006）「技能習得と体力の関係」和歌山大学教育学研究科修士論文（未公刊）.
山内基広（2007）『ねこちゃん体操からはじめる器械運動のトータル学習プラン』創文企画.
津田清（2006）「1年生「ロール系お話マット」の試み―子どもの身体を耕す「動物まねっこ体操」を創る―」『たのしい体育・スポーツ』197号、12-15.

第3章

授業・単元・年間計画のつくり方

Ⅰ．子どもの言葉と授業づくり

1．メイの言葉

　２年生の３学期、ボールゲームのタグラグビー。第７時まで授業を進め、いよいよまとめのリーグ戦というところで、赤チームのチエさんから「私たちのチーム、弱すぎます…。メイちゃんが…」と訴えがあった。メイさんが一生懸命プレーしているようにはチエさんには感じられなかったからだ。赤チームの他の２人も同じ思いをもっていた。

　リーグ戦前、学級会でルール等、学習の中で立ち上がってきた問題や課題を整理する時間を設けた。その中で赤チームの思いも出してもらった。「もう少しやる気を出してほしい…」とチエさん。するとメイさんは次のように言った。「だって、勝つことが、どうしてそんなにうれしいのかわからないだもん。勝ったって何もいいことないし」。私もクラスのみんなも、さあどうしたものか…と、困り果てた。

2．言葉に込められた思い

　メイさんはどうしてこんな言葉を言ったのだろう？

　彼女はADHDと診断されていて薬を毎日服用している。１年生の頃は授業中も教室内を徘徊したり、外へ出て行ってしまったり。行動は大分落ち着いてきたが、苦手なこと、嫌なことには全くやる気を見せない。算数の時間、TTの先生に「わからない〜」と甘えて自分で考えようとしない。学習は全体的に困難でみんなについていくことも厳しい状態だ。運動も苦手で、体育では鬼ごっこや鉄棒、ボール運動など、競争したり、疲れたり、痛

かったりといった種目はやる気がゼロ。意識が遠くへ行ってしまう感じで何も耳に入らなくなる。一方、得意なことは一生懸命やる。劇や音読、物語づくり、絵などは大好き。ここまで唯一、体育でやる気を見せたのは運動会表現の「花笠音頭」。「ストレス発散になる！」と家で何十回も踊り続けていたそうだ。学習も分からないことが増え、努力することをいつも求められ、大っ嫌いな薬を飲まされ、親からも叱られ…、２年生だが「ストレス」という言葉をメイさんは実感しているように感じた。

　そんなメイさんの言葉だ。今まで一度も「勝つ」体験がなかったのかもしれない。友達との力の差を感じ、勝てる可能性が感じられず絶望しているのかもしれない。

　また、努力を常に求めてくる先生や友達と駆け引きをしているのかもしれないとも思った。「勝つ喜びが感じられない子だから仕方ない」とみんなに認めさせれば、他者からの努力の強制をかわす最強の武器になる。担任としては、できそうなことからも逃げる口実になり、自分で自分の可能性を見限ってしまっているようで、なんとかしてあげたいという気もちを感じた反面、これも彼女が生きる過程で、自分を守るために生み出してきた大切なものの考え方なのだと尊重してあげたくもなった。なぜなら、例えばかけ算を勉強するにも、たし算がままならない彼女は、みんなと同じ問題でも意味の理解に何倍もの労力を必要とするのだから…。いつも100％の努力を続けていたら本当に体がもたない。自分を守るための生きる術なのだ。

3．メイの言葉と学びで向き合う

　一方で、この言葉はスポーツを学ぶ上でも

おもしろい課題を提示してくれる。日常の世界に何の利益ももたらさない非日常（スポーツ）の世界での勝利をなぜみんなは目指し、それに喜びを感じるのか。拡大すれば「人はなぜスポーツをするの？」という哲学的な問いにもつながる。他の子にも投げかけ、2年生なりにみんなで考えてみた。

4．メイさんのやる気とどう向き合うか

　みんなとのやりとりを続ける中で、メイさんは「勝って、もし何かもらえるのだったらがんばるけど…」と話した。外発的な動機が自分のやる気を喚起するには必要だと訴えてきた。「何か」の中身を問うとメイさんは「おかしとか、おもちゃとか、ゲーム…」。「それは無理でしょ！」っと一斉に声が上がる。そんな中、ヒロコさんが助け舟「それは無理だよ。折り紙とかだったらいいけど。作れるもの」。するとメイさんは「それでもいい」と答えた。すると男の子から「メダルは？　優勝したチームはメダルがもらえるようにしたら？」。すかさずヒロコさん「でも、それだとメイちゃんもらえないかも。メイちゃんが、がんばってやったらもらえるようにしてあげた方がいいよ」。ヒロコさんはメイさんの気持ちに誰よりも寄り添って提案し続けてくれた。メイさんも赤チームのメンバーもみんながこの提案に了承したところでヒロコさんは「わたし、作ります」と、メイさんのメダル作りを引き受けてくれた。

5．グループ学習

「自分のチームが弱すぎて…」というチエさんの訴えを、授業中に撮っていたゲームのビデオを見返して再度確かめた。メイさんは攻撃時、ボールを持っているときには相手をかわして一生懸命走っていた。問題は守り。メイさんはみんなの後方に位置していたが、相手が走ってきてもプレーに関与しようとしない。タグラグビーは左右の両腰にしっぽとりのしっぽ（タグ）をつけ、ボール保持者のタグをとれば、そこで相手は立ち止まりパスをすることになる。しっぽとりの要領なのでルールがわかりにくい訳ではなさそうだ。むしろ集団で守るからこそ、守備時に仲間と役割を担い合い、連携して戦術的に動くことが難しいのではないかと思った。

　そこで、赤チームの練習に私も参加し、守り方を考えていくことにした。下の左図のように当初はメイさんは後方にいた。前の3人がタグを取れなかった時、カバーする役目だ。前の3人も簡単にタグは取れないので、後方のメイさんは責任重大だし、回り込んで先回りしたり、相手を追い込んだり、考えることが多い。これが難しそうだった。そこで右のように前後を逆にさせてみた。前方の役割は単純だ。スタートと同時にボール保持者のタグを取りに行けばよいのだから。相手がメイさんをかわしたところで後方に控える3人で囲い込み、タグを取る作戦だ。

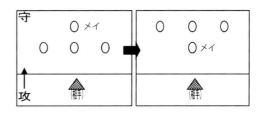

　この後、ゲーム前のチーム練習をまとめてくれたのはチエさんだった。男子に攻撃役をやってもらい、メイさんに声をかけながら、試合前に必ず、繰り返しこの作戦の練習をしていた。

第3章　授業・単元・年間計画のつくり方

6．メイさんの活躍

　リーグ戦最後のゲーム。メイさんが大活躍した！　守りで相手のタグを3回も取ることができたのだ。こんなことは初めだった。そもそものこの作戦は、メイさんが相手のタグをとりに行き、相手がメイさんをかわしたところを後方の守備が囲い込んでいく作戦なので、メイさんがタグを取れないことを前提としている部分があった。だから、私もとても驚いた。

　なぜメイさんはタグを取れたのか？　撮影しておいたビデオを授業後に見て私も納得した。メイさんはいつも通り、まず相手のタグを取りに行く（下図左）。でもあまり積極的ではない。メイさんを抜いた攻撃者は後方に控えていた守備者に囲まれ走るスピードが減速。その時だ。かわされたメイさんはターっと相手を追いかけ、減速した相手に追いつき、後からタグを取ったのだ（右図）。挟み撃ち！メイさんは、取ったタグをその都度ピッと天高く振り上げ、タグを取ったことを審判にアピールしていた。これを3度もやってのけた。3度なので偶然ではなく意図的だ。メイさんはメイさんなりに、自分がどう動くことでチームに貢献できるのか考え、最終戦にその方法を自らつかんだ。

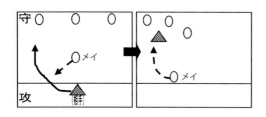

　メイさんがタグを取るたびに、ゲームを見ていた他のチームから「すごい！」と驚きの声と歓声があがった。ゲーム後は相手のチームからも「メイちゃん、すごかった」と褒められていた。赤チームは結局1敗2分で最下位だった。悔しさもあったと思うが、2分けは私から見ても大健闘で、とても晴れやかな雰囲気をチエさんと赤チームのメンバー、そして他チームからも感じた。

7．リーグ戦後のメイさん

　帰りの会。リーグ戦中、がんばったメイさんにメダルの贈呈式。ヒロコさんはかわいいハート型のピカピカ光るメダルを作ってくれた。裏にはメイさんの親友2人のメッセージまで入っている。受け取ったメイさんは「ありがとう」ととても嬉しそうだ。私から一言求めると、「勝つのがどうして嬉しいのかはわからなかったけど、がんばれたのはよかったと思います」という答えが返ってきた。

　後日、障害児の通級に通っているメイさんの連絡ノート（通級担当と保護者と学級担任の私がそれぞれコメントを書いている）の中に母親が次のような文を書いてきた。「スポーツの事は昨日（リーグ戦最終日）、ラグビーで勝った!!と喜んでいた所がありました。少しずつですが、成功していることが喜びになっているかと思います」。メイさんは実際はゲームで勝つことはできず、引き分けが最良の結果だった。恐らく自分が活躍できたことの喜びを「勝った」と表現したのだと思う。

　単元終了後のメイさんの2つの言葉をどう捉えればよいだろう。内にある自分の可能性には気づき出しているのかもしれない。いや初めから気づいていたのかもしれない。でも、一つの物事の成功を別の事にも簡単に変換し、努力を求めてくる先生や友達には「喜びは、まだわかっていない」と、きちんと釘を刺しておくことも忘れてはいない。しかし、

溢れ出るこの喜びはどこかに吐き出さずにはいられない。それが母親への言葉であり、私には空に振り上げたタグに込められていたように思う。

「自分の可能性」と「ここまで生み出してきた生きる術」との間で彼女は揺れ続けている。その揺れの中で彼女は今日も学校に来ている。

II．グループ学習の考え方と方法

1．「みんな」を大切にするグループ学習

（1）異質協働のグループ学習のよさ

学校体育研究同志会では、「異質協働のグループ学習」を大切にしてきた。この学習方法のよさは、「みんなを大切にできる」ことにあると私は考えている。

異質協働のグループ学習は、1つのグループに得意な子、苦手な子、様々な（異質な）子どもたちがいるようにグルーピングする。そして、基本的にはみんなで同じ学習課題に取り組んでいく。こうすることで苦手な子も、グループの友達からポイントを教えてもらうことができ、技能の上達（「できる」）に期待がもてる。

一方、この学習方法は得意な子、できている子にとってもよさがある。それは、苦手な子に教える経験の中で、うまくなる道筋が、上達するプロセスが「わかる」ことだ。例えば授業で側方倒立回転に取り組むとする。学習のスタートの時点ですでにできている子もいるだろう。が、この子たちは、自分がどうしてできるようになったのか、なぜできない子がいるのかは、わかっていない。生涯のスポーツライフを考えたときに、身に付けたい技能を自分たちで分析し、教え合ってできる

ようになれば、様々な可能性を開いていくことができる。子どもたちをスポーツの主体者に育てていく時に、「わかる」力はとても大切なのだ。苦手な子ができるようになっていく過程を目撃することで、ある技術を身に付けるのに大切なことは何か、つまずきやすいことは何か、どの順序で教えていけばよいかなどが具体的に「わかる」ようになる。苦手な子も、もちろん自分自身ができるようになる体験を通して「わかる」ようになっていく。「できていない子」にとっては、「できている子」は未来の自分の姿。「できている子」にとって「できていない子」は、過去の自分の姿。異質グループでの「できる」「わかる」学びの過程を通して、子どもたちはこのように結び合い、ともに高まり合っていく。

（2）アクティブラーニング

新指導要領では、先行きの未確定な変化の大きい社会を想定し、その中で必要となる「資質・能力」を身に付けるための学習方法としてアクティブラーニングを打ち出した。後に「主体的、対話的で深い学び」と言い換えたが、結局同じことだ。指導要領の中で提示された身に付けるべき「資質・能力」は産業中心主義的で、国家主義的な内容だという批判[1]がある。ある研修会の、指導要領作成に携わった方の講演の中で「産業構造がこれまでになく大きく変化する中で、日本が生き残っていくには…」という言葉があった。指導要領が描く人間像はとても力強く、国家戦略の中で必要な人材育成という側面が色濃く出ている。すべての子どもたちがそのようになるとは到底思えないし、恐らく、そもそも想定もされていないのではないか。「一億総活躍社会」等、能力に応じて、分相応にというニュ

113

アンスを感じる。

　現代の子どもたちは、新自由主義政策によって格差の大きく拡大した社会の中で、様々な困難を抱えながら生きている。その上、今の学校は、学力テスト体制の中で学力向上が至上命題とされ、短期的な結果も求められる。学力向上に関係のないと思われるような教育活動はどんどん削られ、上から押し付けられる種々のスタンダードと相俟って、学校は子どもにとっても教師にとっても実に生きづらい場所になってしまっている。先に紹介したメイさんは典型的だ。リーグ戦前のメイさんの言葉は、努力の強制からの回避＝怠惰というような、一見マイナスにも捉えられる意味も感じる。指導要領が描く人間像、能力像にこんな考えは入る隙間もなさそうだ。でも、これは彼女がそんな学校生活の中で生きていく中で自分を守るために生み出した、とても大切なものの見方、考え方でもある。

　学校の大きな歯車の中で、無意識の内にそれに流されてしまいそうな私だったが、彼女の言葉に立ち止まることができて本当によかったなと思う。「みんな」を大切にするグループ学習の中だからこそ、立ち止まれたのかもしれない。

（3）異質な子どもたちをつなぐもの

　タグラグビーの実践で、赤チームはリーグ戦前、活動に希望を見出せずにいた。しかし最後は勝利という結果以上に大切なものを手に入れたように思う。子どもたちがこのように「結び合う」ことができた要因は、「作戦」にあったと思う。教師のアドバイスを受けながらも、当初の作戦をメイさんが参加可能なように変更を加え、それが実行できるようにチームで練習、ゲームを行っていった。この

中でチエさんの演じた役割は実に大きいものがあった。チエさんは前方で守るメイさんにプレイごとに必ず声をかけ、自分はどれくらい後方に控えていればよいか考え、最終的にかなり後方の位置に自分ポジションを定めた。こうして相手の走るスピードを減速させることに成功したことで、メイさんの「追いかけ挟み撃ち」の発見を導くに至った。赤チームを結び合わせたのはこのような「作戦」への理解の深化だったと思う。

　グループ学習で子どもたちを結び合わせるために大切にしているのが、このような戦術や運動技術、文化への認識だ。これらがみんなの共通関心事になったとき、子どもたちは結び合い、高め合える関係になっていく。

　自分たちのできばえや課題を視覚化できる道具・方法も重要になる。タグラグビーでは作戦図やビデオの映像などが有効だった。同志会では長年の研究の中で、ボール運動の心電図、側方倒立回転の手型足型、陸上運動の田植え走など、できばえを視覚化する様々な方法を開発してきた。近年ではICTなども有効に活用できると思う。「わかる」ことが子どもたちを結び合わせていく。

2．グループ学習の指導方法

（1）単元の全体計画

　単元はオリエンテーションから始まり、グループごとの練習・練習試合を通して課題に取り組み、学習のまとめとして競技会（リーグ戦や記録会）や発表会を行うのが一般的だ。指導時間は子どもたちの既習の経験と学習内容によって決める。単元中、子どもたちの習熟の度合いによって修正もする。おおむね10時間以上で余裕をもった大単元で構成しておくと、子どもの声と向き合い、「みんな」

を大切にした学びを生み出すことができる。

（2）オリエンテーション

取り組む種目や単元の全体像（時間数や流れ）について説明し、活動に見通しをもてるようにすることで、子どもたちに主体的な活動を促す。また、これまでその種目に取り組んできた思い（プラス面・マイナス面も含めて）や願いを出し合い、クラスでめざす「めあて」などを決めるのもよい方法だ。単元中に課題が生じればいつもこの「めあて」に立ち戻っていく。

また単元途中でも進む方向に岐路が生じた場合などには話し合いを設ける必要もある。タグラグビーの実践はその一例だ。

（3）グループづくり

グループはその種目の得意な子、苦手な子を含め、異質な集団で組織する。また、鉄棒では「背の高さ」など、施設・設備との関係で種目特有の条件の検討が必要な場合もある。

また、人間関係も考えなければならない。タグラグビー実践はチエさんなど、メイさんを優しく支えてあげるメンバーが含まれていた。

グループは教師が考える他、「クラス全体の会議で決める方法」、「グループリーダをクラスで選出し、リーダー会議で原案を作成し、クラス会議で承認する方法」など学級の実態に応じて様々な方法が考えられる。これらの場合、グループを考える前に、「どのようなグループをつくるとよいか」についてクラスで要望を出し合っておくとよい。どのような方法でも最も重要なことは、そのグループ編成にみんなの納得が得られることだ。

（4）グループ練習

グループで協力して練習に取り組む。初めはどのようにグループで練習すればよいか、子どもたちもわからない。そこで、教師が練習の方法、グループでの役割分担の仕方、ローテーションの仕方などを丁寧に指導していく。低学年の子であっても、なぜそうするとよいのか、意図を伝えたり、よさが実感できるようにしていく。

グループ練習に慣れてきたところで、教師が課題を提示し（あるいは課題自体も子どもたちに発見させ）、グループそれぞれで方法なども考えながら、探求的なグループ学習に取り組んでいく場面も増やしていく。この時、最も重要なことは、探求する「課題」が何かということだ。子どもたちが取り組みたくなる魅力をもち、探求しがいのある（探求に耐えうる）仕組みをもつ運動技術・戦術・ルールに絞り込む必要がある。

タグラグビーの赤チームの例で言えば、このチームの課題は守り方にあり、チーム練習の時間の多くを守りに割いた。「どのような位置で、どのような意図でそれぞれが守ればよいか」、「いつ、どのようなタイミングで相手のタグを取りに行くとよいか」「どのようにカバーするとよいか」…守り方（戦術）という課題には、このように実に多くの検討すべき要素が含みこまれ、それらが互いに関連しあい、探求しがいのある仕組みをもっている。グループ学習で練習しながら、子どもたちはこれらの意味を考え、理解を深めていく。メイさんが発見した「挟み撃ち」は、探求の中で見出した、赤チームのオリジナリティ溢れる「答え」なのだ。

第3章　授業・単元・年間計画のつくり方

（5）学習記録

　学習カードを作成し、自分（たち）の学びの足跡を残すことは、自分たちの成長を実感させるためにも重要だ。

　学習カードの項目には「学習課題」「技術・戦術のポイント」「自分のできばえ」「感想」などが考えられる。しかし、項目が多すぎると記録ばかりとることになり、活動時間が不足してしまう場合もあるため、子どもの様子も見ながら決定していくとよいだろう。子どもの負担が大きすぎると考えれば、技能ポイントなどは、学級全体の掲示物のような形で教師で整理することもできる。ぜひ大切にしてほしいことは、感想等で子どもの思い（本音）を引き出すことだ。先に紹介した実践のように、子どもたちは様々な思いをもって学習に取り組んでいるので、学習への一人ひとりの思いをくみ取り、場合によってはクラス全体に問い返す必要もある。

　学習カードは個人で作成するだけでなく、グループで作成する場合もある。この場合、グループ構成員みんなで感想の交流が毎回できる。ただし、友達に読まれることを前提で感想を書くことになるため、友達関係によっては本音が出しにくい場合もあることは念頭におく。

Ⅲ．評価の実際

1．指導をよりよくするための評価

　ここで述べる評価は、教師の指導・学習づくりの改善のために行うものだ。通知表などで示される評定とは異なる。例えば、跳び箱で教師が子どもにアドバイスをする場面を考えてみると、教師は子どもの演技を見て、着手の仕方の違いを発見し、そこに課題がある

と認める。これが評価で、それを改善するために着手の向きを改めさせる等のアドバイスをする。教師は教授行為を行っている間は常に子どもたちに対して評価の目をもって接している。

　また、評価は教師の指導のために行うのだから、「教えたこと」がどの程度「身に付いたか」を見取らなければならない。教えたことと関係のない子どもの運動能力を評価して、ランク付けのようなことをしても、自分の指導の改善につながらないことは言うまでもない。

2．技術指導の評価

　技術指導の評価の難しさは、運動があるスピードをもって行われ、終わってしまうと何も残らないところにある。算数や国語とはこの点が大きく違う。一瞬で終わってしまう子どもの動きを見取るためには、まずなんと言っても取り組む運動に対してどれだけ教師が豊かにイメージをもっているかが重要になる。運動の全体像やリズム、細かい身体の部位の動かし方や運動の仕組みなど、教える技について教師自身が「わかる」必要がある。また、技術指導の系統性や指導の際のスモールステップなどの把握も評価に役立つ。どのような理由でその順序で指導するのかや、それぞれの段階で何を教えるのかを把握することで、ある子のでき具合がどの位置にあるのか判断できるようになり、同時に効果的な指導法にも繋ぐことができる。これらは技能の「評定」にも生かすことができるだろう。

　また運動には、多くの子どもたちがつまずきやすいポイントがあり、それに応じた効果的な指導の方法とあわせて把握しておくことも有効だ。

とは言っても、経験の少ない運動教材を扱う場合は的確な評価が難しいのが実際だ。その際にはビデオの活用が効果的だ。紹介したタグラグビーも同志会では研究があまりされていない教材だった。私自身も子どもたちの動きをすべて見て把握することが難しかった。

そこでビデオを活用した。コートの全体がゴール側から映るように、校舎の２階以上の窓からビデオを設置しておき、撮影した。メイさんがタグを取れた理由も授業中はわからなかったのだが、授業後にビデオを見直すことで把握することができた。これを子どもたちに見せることで、子どもたちのプレーを見る目も養うこともでき、一石二鳥だ。器械運動などでは、授業の終わりに１人１回ずつ試技をしてもらい、ビデオで撮影しておくとよい。スローで再生するとわからなかったつまずきに気づくこともあるし、何度もくりかえしみる事で次の時間の個々の学習課題も把握しておくことができる。

運動は行うと消えて無くなってしまう特徴があるからこそ、ビデオ等で「残す」工夫をして補い、評価の目を養うとよい。

3.「できる」以外の評価

技能以外の「子どものわかり方」や「グループ学習での学び方」、「取り組んでいる教材種目への思い」等は、学習カードへの記述を評価し、よりよくしていくための課題を探ることが効果的だ。

もちろんこれらは、授業中にも文字言語以外で様々なやりとりが子どもたちの中で行われており、活動の様子を見る中でも評価していく。ただ、同時に全てのグループの学習活動を見ることはできないため、記述を効果的に活用するとよい。

グループ学習はそれぞれが役割分担をして練習を行っていく必要があり、教師の指導が欠かせない。まずは上手にグループで協力できているグループを見つけ、どこがよいのかを把握し、そのグループを手本として他のグループにも促していく。と、同時に、学習の成立に困難を抱えているグループとその要因も探っておく。自立した活動ができるグループが増えてきたところで、教師は課題の多いグループに入り、時間をかけて丁寧に指導していく。これは指導の仕方のあくまでも一例だが、評価を通してその１時間でどのような教授活動を行う必要があるか、事前に考えておくのも効果的だ。

また、子どもたちの不安や不満なども把握する努力が必要だ。授業の中で子どもたちは様々な思いを持ち活動している。その中で教材や友達関係、あるいは教師に対して不安や不満を抱えている場合も多くある。タグラグビーの実践ではチエさんはチームのメンバーに対して不満をもち、それを訴えてきた。またメイさんも教材・友達・教師に対して不満を抱き、それが「喜びがわからない」発言となって表現されたように思える。こうした不安や不満は個別的に対応して取り除く場合もある。

また、クラス全体の課題として取り上げることで、みんなで考える学習課題にもなりえる。メイさんの言葉は拡張することで、普段は扱わないような学びへと膨らませ、学びを豊かにすることができた。葛藤や心の揺れは決してマイナスではなく、成長しようとする子どもの大切な契機だ。そこも見逃さないようにしていきたい。

IV．年間計画のつくり方

1．大単元でゆとりある授業づくり

「幅跳び（4時間）」「なわとび（4時間）」「サッカー（5時間）」…学校の年間計画にある各教材の時数が上記のように「短く」設定されていることが多くある。これは、指導要領に例示されている教材を全て網羅しようとする考えからくるもので、1年間で教える教材数が多くなってしまい、その結果、一教材の指導時数が少なくなってしまう。利点があるとすれば、たくさんのスポーツ種目を「経験」できることが挙げられる。

一方、本書で示してきた授業プランは一教材に10時間程度のあるまとまった時数をかけて教えるものが少なくない。これは私たちの授業が「みんながわかる・できる・結び合う」ことを目指しているからだ。

単元の時数が短いとどうしても「みんな」にできたり、わかったりすることを保障することが難しくなる。運動が得意な子にとっては「できる」に関して十分な時数でも、苦手な子にとっては、やっとその運動に慣れてきたときに、次の教材に変わっていってしまう。「みんな」に保障するためには、時間が必要だ。

私たちのプランは長年、様々なスポーツ文化を研究し、様々なプランを子どもとともに授業実践に取り組む中で、その発達段階で身に付けさせたい力、教科内容を検討し、教材を精選してきたものだ。その学年で重点化したい教材に惜しみなく時数をかけることで、「みんな」に「できる・わかる・結び合う」を保障していく。

このような「大単元」で授業を仕組むと、教師側にも余裕が生まれる。子どもの授業中の声（＝思いや要求）が、よく聞こえるようになる。子どものできない、わからないに寄り添うことができる。プランはあくまでもプラン。一番大切なのは、そこにしかいない教師と子どもたちとで豊かな「学び」を生み出すことだと思う。子どもの声を聞き、動きをよく見て、柔軟にその子たちに合った、その子たちとだから生み出せる「学び」をつくっていきたい。

2．学校の年間計画を生かす

とは言っても、すでに学校に年間計画があるために自由に実践することが難しい方も多いと思う。変化には時間もかかるので、現実的にできることから少しずつ変えていくとよい。

まず簡単に取り組めるのは、学期に1つ、重点教材をつくることだ。経験すれば十分と考える教材はさらに時数を少なくし、本書にあるような重点化したい教材の時数に加えていく。時間のかけ方は目の前の子どもと向き合っている教師の裁量に任されるのは当然なので、あまり労力をかけることなく取り組めるはずだ。

2つ目は、年間で示されている教材はひとまず網羅して扱うこととし、上記のような形でさらに時数にめりはりをつけていく。すると学期の中に2つ、3つと重点教材を生むことができるだろう。

学校全体で年間計画を検討できる場合は、指導要領にある「教材は低・中・高2学年で各領域の教材を扱えばよい」というルールを十分活用するとよい（私たちは長年「大単元」での授業を主張してきたが、指導要領も近年「大単元」で授業を仕組むことを否定していない）。例えば高学年の「ネット型ボール運動」

は5年か6年、どちらかの学年で扱えばよく、毎年行う必要はない。これで教材数自体の精選を行うことができる。

　最後に、年間計画はあくまでプランなので、毎年変更したり、修正したりすることが大切であるという空気を職場につくっていくことも重要だ。

3．年間計画のつくり方

（1）発達段階に合った教材の精選

《低学年（例）》

	教材	時間
一学期	固定施設遊び	10
	体つくりの運動遊び	10
	走跳の運動遊び	12
	水遊び	10
二学期	水遊び	4
	表現リズム遊び	14
	鉄棒を使った運動遊び	10
	マットを使った運動遊び	10
三学期	ゲーム（シュートボール）	15
	跳び箱を使った運動遊び	10

　担当した学年の発達段階に合った、特に時間をかけて取り組みたい教材を精選する。例えば神経系の発達が著しい低学年では、様々な運動感覚を養いやすいため、姿勢制御が重要な学習内容になる。マットや鉄棒などにたっぷり時間がかけられるようにしていく。

（2）行事との関連

　教材を精選したところで、1年間の配列を考える。まず運動会や体育集会など、既に年間予定で実施時期が決まっている体育と関連の深い行事がある場合は、当然関連する教材をその時期に配置する。例えば秋に運動会が行われるとすれば、表現運動は2学期前半に

行うことになるだろう。また、学年リレーなどがある場合には、余裕をもって1学期に取り組んでおくなど検討する必要もある。

　さらに、直接体育と関係せずとも、体育館での体育ができなくなる行事（卒業式や学芸会、学習発表会）も視野に入れ、その時期には校庭でできる種目を配置する。

（3）季節に合った教材

　次に季節の変化（気温の高低や多雨や雪）に合わせる必要のある教材を検討する。水泳・水遊びは夏、持久走は秋～冬というのはわかりやすい例だ。しかし、それ以外にも例えば鉄棒などは冬は氷のように冷たくなるし、夏は灼熱の太陽に照りつけられると熱くて握ることもできなくなるため考慮が必要だ。

（4）教材の関連性

　教材によってはその運動の構造上、関連性の深いものもある。教材の関係性も考えながら配置を考える。例えば低学年で言えば、固定施設遊び・鉄棒・マットなど器械運動系の遊びには身体の使い方に共通性がある。鉄棒やマットなどに取り組む前に、固定施設遊びで様々な身体の使い方を学び、運動感覚を耕しておくと、スムーズに鉄棒・マットに取り組むことができる。鉄棒のこうもり姿勢などは何の経験もないと地面から手を離すことができない子が出てくる。だから、ジャングルジムや肋木などの固定施設を使って、逆さまの姿勢になる遊びを多く取り入れ、逆さ感覚を事前に養っておくとよい。

（5）グループ学習の高まり

　体育の学習で「できる」「わかる」を充実させていくためには、「学び方」がとても重

119

要になる。他の教科に比べてもグループで役割分担したり、教え合ったりすることがとても多い。教材によっては友達の演技について観点を明確にしてしっかり観察し、アドバイスすることができないと、技能の高まり方にも大きな影響が出てくる。

　低学年の場合はまずは集合したり、順番を守ったり、体育の授業での「約束」を理解することからスタートしていく。楽しく、あまり制約の厳しくない教材（固定施設遊びや鬼遊びなど）で、遊びながら「約束」を身に付けていくようにする。

　後期にはグループでの教え合いが特に重要になる教材を多く配置するが、そこでもグループ間で競争するボール運動やリレーなどの教材と、それぞれのグループの個性を表現し合う教材（表現、器械運動など）ではグループのかかわり方が異なる。各グループが競争関係に位置づけられやすいボール運動は学年の最後にし、勝敗に関係なく、自分たちのプレーの高まることの喜びを味わわせたのち、ボール運動を行う順序を考えるのもよい。また、逆に学年全体で一体感を味わいやすい集団マットなどの教材を学年の最後に配し、学年の締めくくりとするのもよい。

（6）個性的な年間計画づくりに向けて

　上記以外にも地域や子どもたちに合った教材を取り入れる必要も出てくるかもしれない。例えば、地域に少年サッカークラブがあり、多くの子が在籍して盛んに活動していたり、プロの野球選手が毎年のようにゲストティーチャーとして指導に来てくれて、子どもたちもベースボール型ゲームが好きだったりする場合などでもある。こうした教材も年間計画に取り入れることで、地域や子どもたち

に根差した年間計画にしていくことができる。

　ただし、取り上げたい教材だが系統的な指導法がわからない場合もあると思う。その際にはどのようなねらいで授業をするか、よく検討する必要がある。例えば以下のような取り上げ方が考えられる。

---

①子どもたちとともに指導の系統性をつくり出すことを目的とした単元。
②スポーツクラブに入っている子をリーダーとし、グループごとに練習方法を考えさせるなど、グループ学習のまとめや応用を目的とした単元。
③技能の上達を主たる学習課題にせず、「○○大会」のようなスポーツ大会の企画、運営を目的とした単元。

4．年間計画の修正

　年間計画はあくまでプランなので、実施してみて、子どもたちと授業に取り組んでみて、柔軟に修正していくことも重要だ。1学期の取り組みから、夏休みに2学期のプランを練り直す必要も出てくるかもしれない。また、1年を通して実施してみて、修正すべき点が出てきた場合は、年間計画を修正して次年度に申し送るとよい。

　年間計画は、実施前・実施中・実施後を問わず、いつもよりよいものへと更新されることで、教育活動を充実したものにしていくことができる。

【文献】
（1）子安潤「「学び」を公共の世界に奪い返す」『たのしい体育・スポーツ』2017年秋号

おわりに

「みんなが輝くシリーズ」は 2005 年に刊行されました。そして、約 15 年の時を経て「新みんなが輝く体育シリーズ　小学校低学年体育の授業」を作成しました。不十分な内容が多々あると思いますが、日々誠実に子どもたちと授業づくりをしている教師の方たちと、これから教職をめざす学生の方たちにとって本書が少しでもお役に立つことを願っています。

【Kさんからの電話】

Kさんは、都内の大学に在学している時から民間の教育研究会に参加して熱心に学んでいた青年でした。（教師になりたい）という希望を胸に、講師（期限付き採用教員）として 3 年間務めた後、2018 年度に正規教員として本格的に教師生活をスタートさせました。

講師の時にも体育や理科を中心に、様々な研究会で実践研究を学び、「こだわりの授業」によって子どもたちが成長していく姿を目の当たりにするとともに、Kさん自身の「授業づくり・クラスづくり」への熱意をふくらませていました。

そのKさんから秋の始まりに電話があり、「教師を辞めようと思う」と告げられたのです。

「ともかく話を聞きたい」と伝え、研究会後によく行く店で話を聞きました。

そこで語られたのは、教師 1 年目にめざした授業づくり・クラスづくりが思うようにできない現実、そしてマニュアルとリスク管理を優先する管理職や同僚との関係でした。

教師になった 4 月から Kさんは、週案・初任研レポート・英語レポートなどの管理職への書類提出に追われました。その中で、できるだけ書類より授業を優先しようと努力したところ、副校長（教頭）から「優先順位を考えて」の付箋が提出した週案簿にはられてもどってきました。そして、クラスの保護者対応についてトラブルがあった時、トラブルを機に「初任なのに特別なことばかりしている」と校長はKさんを攻め続け、同学年の同僚もKさんを助けるどころか校長に加担しました。この「特別なこと」というのは、教科書を使わない「こだわりの授業」です。そして「初任なのだから、謙虚に」と言われ続け、謙虚＝教科書通りを強いられた日々だったのです。

同じ職場で新規採用された教師は、クラスづくりに悩み、5 月に休職、7 月には退職に追い込まれました。管理が強くなっている現在の学校で、「こだわりの授業」をしようとしたKさんもまた、管理職や同僚との軋轢によって潰れかけたのです。

一方、「こだわりの授業とクラスづくり」をめざしたKさんは、子どもたちと父母から信頼されていました。トラブルを訴えに来た父親からは「先生には頑張ってもらいたい」と励まされました。そして、（もし教師を辞めることになったら）と考えた時、ともに学んできた民間教育研究会の仲間たちの顔が思い浮かび、涙が止まらなかったとKさんは語ってくれました。

おわりに

Kさんは、踏みとどまることができました。子どもの親に励まされたこと、そして仲間に支えられて。

踏みとどまった後のKさんは、それ以前にも増して活発に授業づくり・クラスづくりに取り組んでいきました。書類などの提出を簡便に行うノウハウも身につけ、新年度からは新しい学年仲間と協同しながら、自らの「授業実践報告」を民間研で行い、連休中も大阪まで行って研究会に参加しています。

【科学性と歴史性】

教育実践には、長い歴史の中で積み重ねられてきた成果があります。本書で紹介されている教材でも、子どもたちは互いの意見を大切にしながら目を輝かせて学ぶようになり、どの子もわかり・できるようになっていきます。

Kさんが、民間研で初めに体験したのが、子どもたちの目の輝きであり、わかり・できる事実でした。そして、民間研の教育実践が優れている理由が浮かび上がってきます。それは「科学性」と「歴史性」です。授業づくりは、名人といわれるような教師だけが教えられる特殊なものではなく、誰もがその合理性を理解し、自分にあった方法で実践すれば一定の成果を得ることができる「科学性」をもっています。また、この科学性はたくさんの教師たちの授業実践の積み重ねによる「歴史性」をもっていたのです。

この「科学性」と「歴史性」は、子どもたちがわかり・できる授業づくりを実現するために実践研究を自由に行い、その成果を平等な立場で検討する民主的な関係によってつくられてきました。

教師になりたての人も、ベテラン教師も、研究者も、教育委員会関係者もみんな平等な立場で「教育実践」を検討し、そこから真理を見出していくことで歴史に耐えられる成果が生み出されてきたのです。

【民主的な関係と主体性】

民主的な教育実践検討のためには、自らの実践や検討における発言に責任を持つ「主体性」が必要になります。教育実践を検討する際の判断を、エライ人やベテランに任せてはならないのです。

教師になって1年目であろうとも、自分で考え、自分で判断し、自分で責任を持つことが求められます。厳しいし、怖いことかもしれません。（まだ未熟ですから）と判断することを回避したくなる気持ちはわかります。しかし、何年教師を経験すれば未熟ではなくなるのでしょうか。どのくらい本を読めば判断できるようになるのでしょうか。そうです。何年経とうと、何百冊読もうと、未熟でなくなることなどないのです。1年目の教師には1年目の主体性が求められ、30年目の教師には30年目の主体性が求められます。

教育委員会の指導主事も新任教師も「教育実践」の前では平等に、互いの主体性を尊重し合って真摯な研究をすることでしか真理は明らかになっていかないのです。

Kさんもまた、民間研の自由と平等を基盤とした学びの輪の中で自らの「主体性」を鍛えています。参加者の合意や納得が得られるように、自らの授業実践を徹底した議論の場にさらし、授業づくりを繰り返しています。

教育委員会主催などの官制研究会では、質問や議論が基本的に制限されていることと比較すると、民間研の「民主性」と「主体性」は際立っています。踏みとどまったKさんは、

民間研が長い歴史の中で明らかにしてきた成果を学び、自らの主体性を大切にして授業づくりに取り組み続けようとしています。そして、自らの授業力量が次第に高まっていくことを子どもたちの事実から実感し、さらに豊かな授業づくりを探究しています。

【協同探究のこだわりの授業づくり】

　学校の自治が保障され、職員会議が教師集団としての意志決定機関として認められ、管理職が教育者としての専門性をもち、一人ひとりの教師が主体性をもって教育実践をしていけば、授業の質はもっと高まっていきます。

　そして、授業実践の事実が語られ、交流が日々行われていけば、子どもたちの人権を無視するような権威的な教師の言動は学校の中からなくなっていきます。開放的な空気の中で子どもたちは自分の考えを表明し、子どもたちと教師の「協同探究の学び」が実現していくのです。

　さらに、「いじめ問題」などの生活指導上の問題に対して、教職員・子どもたち・父母たちが開かれた関係の中で協同的に解決していけるようになれば、公立学校はその社会的な機能を今とは見違えるほどに高めていくことができます。

　文化や科学の教養をすべての子どもたちが協同探究することで身につける授業を実現するためには、民主的な関係の中で科学や文化の本質を追求している人々と共に学び、そして自らが試し、確かめていくことが大切なのです。

　目の前の困難は山ほどあります。しかし、その一つひとつを真理と平等と協同によって乗り越えていくことで、Ｋさんのような教師が育ち、学校は再生していくことでしょう。

　最後に、本書を世に出すためにご尽力いただいた鴨門裕明さんをはじめとする創文企画の皆様に感謝します。

　希望への小さな1歩を、共に歩みましょう。

＊体育授業づくりや本書に関する問い合わせは、以下にご連絡下さい。

学校体育研究同志会 HP
　http://taiiku-doshikai.org/

執筆者プロフィール ※ 2019年4月現在

大貫耕一 ──はじめに・第1章・おわりに
和光大学・東京学芸大学非常勤講師
[主な著書]『スポーツの主人公を育てる体育・保健の授業づくり』（共著）、創文企画、2018年。『新学校体育叢書水泳の授業』（共著）、創文企画、2018年。『子どもと教師でつくる教育課程試案』（共著）、日本標準社、2007年。

森　敏生 ──はじめに
武蔵野美術大学造形学部教授
[主な著書]『中村敏雄著作集4　部活・クラブ論』（共著）、創文企画、2009年。『スポーツ・健康と現代社会』（共著）、武蔵野美術大学出版局、2015年。

斎藤慎一 ──第1章・第2章『シュートボール』
東京都杉並区立馬橋小学校指導教諭

成島　仁 ──第2章『マットをつかった運動遊び』『鉄棒を使った運動遊び』
埼玉県さいたま市立つばさ小学校教諭
[主な著書]『子ども　体育　未来〜体育の学びと子どもの育ち〜』（学校体育研究同志会埼玉支部編）、創文企画、1999年。

地下紀子 ──第2章『器械・器具を使っての運動遊び』
東京都昭島市立拝島第3小学校教諭

吉澤　潤 ──第2章『跳び箱遊び』
東京都目黒区立原町小学校教諭
[主な著書]『教育技術MOOK　体育の重点教材』（共著）、小学館、2002年。『とび箱の指導　わかり・できる授業展開と技術指導』（共著）、小学館、2008年。『別冊　教育技術　健やかな体育　これが指導の決め手』（共著）、小学館、2009年。

渋谷信賢 ──第2章『水遊び』
宮城県名取市立増田小学校教諭
[主な著書]『宮城の体育実践』（共著）、創文企画、2012年。

古山友希 ──第2章『走跳の運動遊び』
東京都世田谷区立武蔵丘小学校教諭

酒井忠喜 ──第2章『表現リズム遊び』
東京都府中市立住吉小学校教諭

續木智彦 ──第2章『体つくり運動』
西南学院大学准教授
[主な著書]『スポーツの主人公を育てる体育・保健の授業づくり』（共著）、創文企画、2018年。

東畑　優 ──第3章
東京都稲城市立第二小学校教諭

[イラスト]
関根　亮、吉田慶介、山内基広、成島　仁

新みんなが輝く体育 1

小学校低学年　体育の授業

2019 年 7 月 25 日　第 1 刷発行

編　者　学校体育研究同志会

発行者　鴨門裕明

発行所　㈲創文企画
　　　　〒101－0061　東京都千代田区神田三崎町 3－10－16　田島ビル 2F
　　　　TEL 03－6261－2855　　FAX 03－6261－2856
　　　　http://www.soubun-kikaku.co.jp
　　　　［振替］00190－4－412700

装　丁　オセロ

印　刷　壮光舎印刷㈱

ISBN 978-4-86413-122-3
©2019 学校体育研究同志会